教育における評価とモラル

シリーズ[日本の教育を問いなおす ③]

戸瀬信之・西村和雄 編

東信堂

はしがき

戸瀬　信之
西村　和雄

　2008年の2月15日に小中学校の学習指導要領の改訂案が公表された。主要科目の授業時間が増えるとともに、削られた内容が復活した。前回の指導要領の改訂（1998年）で削除された、小学校算数の面積の単位a（アール）、ha（ヘクタール）や台形の公式は4年と5年で復活し、第1位までとしていた小数の計算は、第2位以下の計算も扱うようになった。また、中学数学から高校に移行した二次方程式の解の公式は中学3年に復活した。中学理科で扱わなくなっていたイオンや遺伝の規則性が復活し、中学英語では単語数が1,200に増加した。

　今回の改訂では、特に小学校の算数の次期指導要領は非常に充実した内容となっており、ゆとり教育の見直しにかける文部科学省の本気の程が窺える。一方で、他の科目の指導要領は、改善しているものの算数ほどではない印象をうけた。算数が1980年かそれ以前の内容まで戻っているのにくらべ、他はおおむね1992年当時までではないだろうか。

　改善が足りない最大の要因は、新しい指導要領でも「新学力観」を維持していることにある。文部科学省が2007年11月に作成したパンフレットでは、「『理念』は変わりません『学習指導要領』が変わります」と大きく強調されている。理念とは「新学力観」のことである。新学力観とは、「関心、意欲、態度」なども含めて学力とみなす見方のことであり、その見方に基づいて、教員が生徒を評価することになる。

　1980年代に入ってから、日本の中学校、高校において、「家庭内暴力」、「校内暴力」、「いじめ」と、子どもと学校にそれまでにない変化が生じてきた。授業時間と学習内容を削減する「ゆとり教育」が始められたが、「いじめ」

などは一層ひどくなりこそすれ、一向に減っていない。学力が低下する一方、子どもたちの非行は改善してはいけない。

　学力と同時に子どもたちのモラル、あるいは規範をどう育てていくかも、重要な教育の課題である。

　実は1975年頃から、マスコミで「乱塾時代」という言葉が使われていた。首都圏の子どもの通塾がより低年齢化し、私立中学受験が当たり前となってきた。「お受験」という言葉が使われ始めたことが、それを象徴している。1970年代に首都圏で公立離れが起き、私立中学受験が盛んになった原因は、1967年から東京都で始められた都立高校進学の学校群制度と内申書を重視する入学試験制度である。

　学校群制度では、受験生が希望する高校と別な高校に振り分けられる可能性があった。内申書重視では従来の学力試験の成績に加え、英数国理社の通知表の成績を加味し、さらに、入学試験で学力試験を課さない音楽や体育などの教科については、通知表の成績により高いウエイトを課した上で集計した。結果として、体育、芸術などの評価が教師の主観による科目では、生徒は教師の目を気にしつつ、日常的にストレス下におかれることになった。それが原因で、親は、子どもを公立中学ではなく、私立中学に進学させるようになってきたのである。公立中学校の荒れは、内申書問題と無関係といえない。

　さらに2002年からは、すべての教科の内申書の評点が絶対評価に改められ、学力評価が「観点別評価」、すなわち生徒の「関心・意欲・態度」、「思考・判断」、「技能・表現」、「知識・理解」のそれぞれにも成績をつけ、それを基礎として教科の評点とする方式が採用されている。1つの教科の達成度を4つの観点から評価して、その合計をその教科の点数とするのである。テストの成績は、4つの観点の1つでしかなく、評点の4分の3は手を上げた回数など、あるいは、教師による主観でつけられるのである。

　進学塾の市進学院が、中学3年生1万2,000人を対象として行った調査では、学校の通知表の英語で5をとった生徒の中で、模試の成績が偏差値50を下回る生徒が13.5％いて、5教科がオール5でも偏差値50未満という生

徒が2.3%いたそうである（読売新聞、2006年1月14日）。一方、先生に嫌われると勉強ができても5をもらえない。AERA（06年5月15日号）には、次のような記事が出ている。

　「都内23区在住のAさん（46）はこの春の娘の高校入試で、内申に振り回された。
　もともと数学が得意な娘は、定期テストでは常に100点満点近くを取ってきた。しかし、5がついたことがない。いまの評価制度では、定期テストだけで成績は決まらない。日々の授業態度、ノートをきれいに取るか、手を挙げる回数、提出物がすべて出ているか、あらゆることが評価の対象になる。人前で発言することが苦手なのが響いたのか」
　「娘は体育も得意のはずだった。授業でも結果を出しているし、運動会ではリレーなどで活躍。区の陸上大会でも上位に入った。それでも体育は3」

　このような評価システムに基づいた内申書が高校進学の判定で用いられるため、中学生の子どもがうけるストレスは大きい。新学力観に基づく主観的評価が変わらなければ、学力はもちろん、子どもの道徳心にもマイナスの影響を与えてゆくであろう。

　評価とモラルもしくは規範には、一つのコインの裏と表のような関係があると言ってもよい。

　以下では、先生の主観に委ねる現在の学校における成績評価の在り方の問題点の指摘を第I部の市川、木村、大森論文で、子供のモラルの現状とその回復への提案を第II部の西村、清永、柿谷論文で検討する。また、客観性に欠ける評価は子どもの成績評価に限らず、学校評価、教育行政への評価にも存在しうる。第III部で、より広い観点から倉元、筒井、戸瀬論文で、もう一度、評価の問題に立ち返って検討する。

　本報告書は、二十一世紀文化学術財団の「教育における評価システムの改善と子どもの道徳心の育成に関する実践的研究」に関する研究委員会の研究活動から生まれたものである。この場を借りて、御礼を申し上げたい。

大目次／教育における評価とモラル

はしがき ………………………………… 戸瀬　信之・西村　和雄 …… i

第Ⅰ部　新学力観と成績評価………………… 1

第1章　新学力観の背景……………………………… 市川　昭午 … 3
第2章　新学力観による評価と入学判定……… 木村　拓也 … 27
第3章　ゆとり教育の置き土産
　　　　－「絶対評価」…………………………… 大森不二雄 … 55

第Ⅱ部　道徳観をどう回復するか………… 87

第4章　基本的モラルをどう身につけるか…… 西村　和雄 … 89
第5章　少年はどこへ向かうのか……………… 清永　賢二 … 99
第6章　子育てと道徳心……………………………… 柿谷　正期 …111

第Ⅲ部　教育評価のあり方………………… 141

第7章　測れるもの、測れないもの
　　　　－「評価」の限界を問う …………………… 倉元　直樹 …143
第8章　地方主権における教育サービスの
　　　　評価方法……………………………………… 筒井　孝子 …169
第9章　社会におけるモラル回復のための
　　　　大学評価…………………………………… 戸瀬　信之 …189

詳細目次／教育における評価とモラル

はしがき ……………………………………… 戸瀬　信之・西村　和雄 …… i

第Ⅰ部　新学力観と成績評価　　1
第1章　新学力観の背景…………………………… 市川　昭午 … 3
1．新しい学力観とは何か？　3
　1　学力と学力観　3
　2　新しくない「新しい学力観」　5
2．新しい学力観導入の経緯　6
　1　ゆとり教育と生きる力　6
　2　なぜ新しい学力観なのか　9
3．誰が新しい学力観を推進したのか？　11
　1　教育界の伝統と政策策定者の変容　11
　2　世論の圧力と産業界の能力主義　13
　3　教育政策における対立軸の変貌　14
4．新しい学力観がなぜ支配的となったのか？　16
　1　根強い新教育の伝統　16
　2　なぜ教育界では個性主義が強いのか？　17
　3　「新しい学力」から「確かな学力へ」　19
5．確かな学力への転換はなぜ生じたのか？　20
　1　目に見える成果を示せなかった　20
　2　教育条件の整備が伴わなかった　21
　3　説得力が乏しかった　23
　4　新しい学力観はなくならない　24

第2章　新学力観による評価と入学判定……… 木村　拓也 … 27
1．はじめに――「新しい学力観」による大学入試改革の経緯　27

2．「新しい学力観」による大学入試改革はどこまで現実的か？　34
　3．結語——「新しい学力観」に基づいた大学入試改革の隘路　47
　　1　面接重視の制度的な限界　47
　　2　「納得」して受け入れられる結果か　49

第3章　ゆとり教育の置き土産
　　——「絶対評価」………………………… **大森不二雄**　55

はじめに：成績評価に残ったゆとり教育　55
　1．「絶対評価」による高校入試内申書の不条理　56
　　1　断片的な報道から垣間見えた不公平な実態　57
　　2　低調な全国メディアや教育専門家の反応　59
　2．遅れてやってきたゆとり教育路線の成績評価法　60
　　1　ゆとり路線の学習指導要領に合わせた指導要録改定（評価改革）　61
　　2　内申書をめぐる混乱の根源にある制度設計　62
　　3　学力低下論争の渦中に進められた評価改革の検討　63
　3．マスコミや専門家に支持された絶対評価　69
　　1　マスメディアに歓迎された耳に心地よい教育論　69
　　2　専門家の大勢も絶対評価に好意的　69
　　3　祝福の「空気」の中で実施された評価改革の帰結　70
　4．観点別評価の批判的研究：顧慮されなかった少数派の知見　71
　　1　情意面（関心・意欲・態度）の評価への批判　71
　　2　学力を観点別に分解して評価する科学的妥当性への疑問　73
　5．日本の「絶対評価＝観点別評価」の特異性　74
　　1　絶対評価／相対評価とは　74
　　2　絶対評価と観点別評価の混同　75
　　3　英・米の統一テストは絶対評価　76
　　4　共通の評価尺度がないのに「絶対評価」と呼べるのか　77
　6．評価はどう変わるか　78
　　1　再び指導要領の改訂へ　78

2　維持されたゆとり路線の評価理念　79
　　3　弊害への対応は示唆しつつも具体策は教委等に下駄を預ける　80
　おわりに　83

第Ⅱ部　道徳観をどう回復するか　87
第4章　基本的モラルをどう身につけるか……　西村　和雄　…　89
　　はじめに　89
　　1　変化しつつある日本の子供たち　90
　　2　モラルは生産性を左右する　91
　　3　日本の現場に広がるゼロ・トレランス　91
　　4　教育現場におけるモラル教育　93
　　5　大切な事前明示　94
　　6　子どもたちと一貫性の大切さ　94
　　7　健全な子どもたちと4つの切り札　96

第5章　少年はどこへ向かうのか………………　清永　賢二　…　99
　　1　何が問題か　99
　　2　規範意識は低下しているか　101
　　3　神話としての規範意識の低下論　102
　　4　進む心と体の分離　103
　　5　大人になりきれない少年たち　104
　　6　大人にすること　105
　　7　格差社会の逸脱現象への浸入　106
　　8　来るべき2021年社会における逸脱問題　107
　　9　独善的意識に基づく理解不能逸脱現象の一層の拡大　107
　　10　格差固定化の逸脱現象への進行　108
　結びに　109

第6章　子育てと道徳心……………………… 柿谷　正期 … 111
　　1　子どもの真のメッセージに耳を傾けよう　111
　　2　基本的欲求を満たす関係　114
　　3　上質世界という有用な概念　115
　　4　価値観の継承　117
　　5　外的コントロール　119
　　6　外的コントロールの極みとも言える事例　120
　　7　選択理論　122
　　8　7つの致命的習慣と身につけたい習慣　123
　　9　叱ることは必要なのか？　125
　　10　馬の調教も変わってきている　126
　　11　基本的欲求の疎外とそこから生じる犯罪　129
　　12　「できる」というレベルを確認する　132
　　13　自己評価か他人の評価か　133
　　14　指示や叱責の前に自己評価を促す　134
　　15　人格教育　136
　　16　子育ての結果は孫を見るまでわからない　138

第Ⅲ部　教育評価のあり方　141
　第7章　測れるもの、測れないもの
　　　──「評価」の限界を問う ……………… 倉元　直樹 … 143
　　1．「評価」に対する違和感　143
　　2．測定の品質評価　－テスト・スタンダード－　147
　　3．テスト・スタンダードと全国学力・学習状況調査　149
　　　1　全国学力・学習状況調査概要　150
　　　2　テスト・スタンダードに基づく全国学力・学習状況調査の検討　152
　　4．再び「評価」について思う　165

第8章　地方主権における教育サービスの
　　　　評価方法……………………………………… 筒井　孝子 …169
　1．はじめに　169
　2．地方自治体における行政評価におけるトレンド　170
　　　1　財政評価の必要性　170
　　　2　行政評価の実践とその利用　172
　3．自治体の教育サービスの評価の方法　173
　　　1　これまでの行政評価の歴史と昨今の状況　173
　　　2　行政サービスにおける教育の位置及びその評価の現状　175
　4．今後望まれる教育サービスの評価とは　178
　　　1　米国オレゴン州に見るベンチマーキングによる教育サービス評価　178
　　　2　観点別評価という誤謬　180
　　　3　行政による教育サービスの評価方法構築の方向性　183
　5．おわりに　184

第9章　社会におけるモラル回復のための
　　　　大学評価……………………………………… 戸瀬　信之 …189

教育における評価とモラル

第Ⅰ部　新学力観と成績評価

第1章　新学力観の背景

市川　昭午

1．新しい学力観とは何か？

1　学力と学力観

　本章の課題は「新しい学力観の背景」を明らかにすることであるが、それには前もって「学力観とは何か」ということと、「新しい学力観」が本当に新しいのかについて吟味しておく必要があろう。「学力観」は読んで字のごとく「学力の観方」だから、むろん学力とは密接不離ではあるが、決して同じではない。

　そこでまず「学力とは何か」が問われなければならない。学力の概念規定は人によって様々であるが、学習によって身につけた知的能力をいい、一般的には主に学校で育てられる知的能力をさす。学校教育によって育てられる能力といえば知育、体育、徳育の3分野にわたるはずであるが、学力はもっぱら知育に関して用いられる。

　学力には測定可能な量という含意があるが、計測可能な身体的能力が学力に含まれないのは、今日ではそれが選抜の手段とされないからである。戦時中の入学試験では学力検査に劣らず、身体検査や体力テストが重視された。これは予備士官の養成所とみなされた上級学校の入学者選抜には体力という基準が不可欠とされたためである。

　知的能力としての「学力」といえども学校だけで育てられるものではない。「学んだ結果としての学力」は予備校や学習塾あるいは家庭教師などに負うこともあるし、まして「学ぶ力としての学力」家庭や地域社会、先天的能力

によるところが大きい。

　特に学習意欲、知的好奇心、集中力、持続力、意思疎通力などを意味する「学ぶ力としての学力」は測定が困難なだけでなく、多分に生得能力的なところもあるため、「主に」と限定してもなお学校で育てられた学力とはいいにくい。そうしたところから学力に含めるべきか否かについて議論の余地が生じる。

　「学んだ結果としての学力」は通常、ペーパーテスト等による「測定可能な学力」と文章の読解力、論述や討論の能力、批判的な思考力、問題追求力など「測定が困難な学力」に分けられる。前者に限定したものを「小さな学力」、後者を含めたものを「大きな学力」と呼ぶこともある。「見える学力、見えない学力」（岸本裕史　1994）という分類もこれと類似している。「見えない学力」というのは「見える学力」を支えるもので、言語能力の豊かさや遊びの充実、しつけの徹底などをさすが、これらは家庭の文化資本や教養水準によって左右される。

　一方「学力観」は前述したように「学力の観方」であり、「学力とは何であるべきか」、あるいは「本当の学力とは何か」といったことである。これは人間観、社会観につながるものだから、「学力」の概念規定以上に見解が分かれることは不可避であり、最初から論争的な性格を帯びることにならざるをえない。

　例えば、読み・書き・計算能力を基礎学力と見るべきか、それとも問題解決能力を基礎学力とみるべきか、といった論争。あるいはペーパーテスト等によって測定された学力はいわゆる「受験学力」にすぎず、本当の学力ではない。実生活の役に立つような「生きて働く学力」が本当の学力であるという学力観に対して、「役に立つ」とはいかなる意味か、「役に立つ、立たない」だけを基準に教科を選定し、教育課程を構成してよいのかという反論がなされる。という具合である。

　「新しい学力観」は要素的な知識や技能の習得が先決であるとする学力観に対し、生活上の必要に応じて要素的なものを適宜に位置づけて問題を解く智恵の働きというか総合的な能力を重視する学力観である。それは「自ら学

ぶ意欲や、思考力、判断力、表現力などを学力の基本とする学力観」であり、測定が困難ないしは不可能な能力を重視する。その結果、学力が低下したか否かを論じること自体が著しく困難もしくは不可能となる。

2 新しくない「新しい学力観」

「新しい学力観」は決して新しくはない。詰め込み主義と管理主義に支配された公教育を批判し、子どもが学習の主体となる方向に教育の在り方をコペルニクス的に転回させようとする新教育運動は19世紀末から20世紀初頭にかけて先進諸国に普及したが、我が国でも明治末期から導入され、大正期から昭和の初めにかけて全国各地で盛んに行われた。

「学力ということばや概念が明確な意識を伴って用いられ、論議や論争の対象とされるようになったのは、第二次大戦後のことである」(木下繁弥「学力論争」1980：280) にしても、「新しい教育」、「新しい学校」が必要だという主張は既に明治三十年代から始まっていた (中野光 1968：13)。

大正時代になると、主知主義、模倣主義、注入主義、教師中心主義の教育は明治時代には適切だったが、時代が推移した今日では主意説に立ち、児童の自主的学習を重んじなければならないという自学主義を初め、自由教育、創造教育、全人教育など、新教育の必要性が力説されるようになった (尼子止編 1922)。

第二次世界大戦後にはこの新教育運動が復活し、戦前の教育を主知主義的・百科全書的な古い学力観に基づくものだと批判し、新しい時代に即応した「新しい学力」が必要であると主張した。しかし、すぐにこの新しい学力観に基づく新教育が学力低下を招いたと声が上がり、いわゆる学力論争が始まった。学力の問題が論議され出したのは1948年頃からのことであり、53年頃には学力構造論に収束していく形でひとまず終了した (西勇「学力問題」1963：142)。

それは近年の「新しい学力観」をめぐる論争を先取りするものであり、数十年の歳月が流れているにもかかわらず、いくつかの点で類似性が見られる。第一に学力論争が新教育に対する教育界外部の疑問から始まっている。今

の学校は大事なことを忘れているのではないかという一般の国民からの素朴な問いである（矢口新　1958：53）。

　第二に1948年から56年にかけて国立教育研究所、日本教育学会、日本教職員組合などによって相次いで行われた学力調査の結果、少なくとも読み書き算などの基礎学力に関して学力低下は否定できないことが立証された。

　第三に新教育論者は学力観の違いであると反論した。読み書き算の能力低下をもって直ちに基礎学力が低下したとはいえない。むしろ問題解決能力や生活処理能力こそが基礎学力であり、「新しい学力」であるというのである。

　第四にそこから学力低下問題が学力の概念や在り方をめぐる論争へと発展していったが、この学力論争が戦後新教育に対する批判の導火線となり、戦後教育を転換させる一つの契機となった（木下繁弥　1971：591、600）。

　第五に結果的に新教育の人気が衰え、系統的学習が復活していったが、それは理論的に勝敗が決したというよりは世論の推移と社会の変化に基づくものだった。子供の学力水準が低下したと感じた人々が少なくなかったことと、産業界がより高度の人材を求めるようになったことがそれである。

2．新しい学力観導入の経緯

1　ゆとり教育と生きる力

　一般に1970年代の学校教育は「校内暴力と落ちこぼれ」、80年代は「いじめとゆとり教育」、90年代は「不登校と新しい学力観」で特徴づけられるが、新しい学力観への転換は70年代中頃から始まり、90年代に完了、21世紀に入って再転換が行われるに至った。その経緯は以下のように概括することができよう。

　新しい学力観は教育界の合意の上に成立したが、その始まりはゆとり教育の導入である。三木内閣の時代に永井道雄文部大臣と槇枝元文日本教職員組合委員長が話し合った結果、ゆとり教育が必要だという点で一致した。1975年の日教組教育研究全国集会で「楽しい学校づくり」が提唱され、教育課程審議会「教育課程の基準の改善に関する基本方向－中間まとめ」でも類似の

考え方が示された。

　教育課程審議会答申「教育課程の基準の改善について」(76年12月18日)は、「ゆとりある充実した学校生活の実現を目指す」とし、自ら判断できる力の育成、能力・適性に応じた教育、授業時数の縮小と教育内容の削減を提案、翌77年の学習指導要領は「ゆとりの時間」を設けた。

　ここから「ゆとり教育」という用語が生まれたが、この言葉が頻繁に使われるようになったのは90年代に入ってからである。ただし「ゆとり教育」という用語が政府の公式文書で使われたことはなく、教育再生会議の第一次報告（2007年1月24日）でも「いわゆる『ゆとり教育』と呼ばれる現在の初等中等教育」という言い回しになっている。

　この「ゆとり教育」という考え方は1990年7月の産業構造審議会答申「90年代のヴィジョン」（通商産業省産業政策局　1991)、1992年12月の国民生活審議会「ゆとり、安心、多様性のある国民生活を実現するための基本的方策に関する答申」（経済企画庁国民生活局　1993）と共通している。

　政府のこうした方針は80年代には「トヨタ・ショック」という言葉が生まれるほど、日本の経済が一人勝ちのような状況にあったために、欧米諸国から日本人は「働き蜂」だとか、「兎小屋に住んで蟻のごとく働く」などと悪口を叩かれていたことに対応して打ち出されたものであり、「ゆとりのある生活をしよう」とか「ゆとりのある社会を目指そう」という考え方は当時教育界だけでなく、政府全体、社会全般の空気でもあった。

　「ゆとり教育」より直接的に「新しい学力観」のはしりとなったのは、83年に第13期中央教育審議会（以下、中教審）の審議経過報告が提唱した「自己教育力」である。臨時教育審議会が発足したために本答申には至らなかったが、この報告は学習への意欲、学び方の習得、学習を続ける意思などを尊重し、学習者の主体性を重視する立場を明確に示していた。

　「新しい学力観」の基本理念が「生きる力」であることを示したのは、臨教審終了後の89年に改訂された学習指導要領及び92年に改訂された児童・生徒指導要録である。前者は「生きる力」すなわち「自ら学ぶ意欲と社会の変化に主体的に対応できる能力」の育成が肝要であることを力説した。

また92年の指導要録はいわゆる「観点別評価」という方針を打ち出した。それは評価の観点として「関心・意欲・態度」を先頭に、次が「思考・判断」で、これに「技能・表現」が続き、「知識・理解」が最後に置かれるなど、「知識・理解」を無視するわけではないが、知的能力よりも情意領域の能力・資質を重視する考え方を示した。

続いて第15期中教審の第一次答申「21世紀を展望したわが国の教育の在り方」（1996年7月19日）は「＜生きる力＞を育てていくこと」が「今後における教育の在り方の基本的な方向」であるとした。もっともこの「生きる力」は曖昧な概念であり、どのようにでも解釈できる以上、この理念を共有するといってもあまり意味はない。

学校現場で意味をもつのは理念よりも学習指導要領の内容であり、肝心なのは学校教育に関する具体的な施策であるが、指導要領の主要な改正点は以下の6点であった。

第一に児童生徒の負担を軽減するという理由から教える内容を減らした。そのため、教育内容を圧縮し、授業時数を大幅に削減し、さらに宿題も廃止するようにした。第二に学校週5日制を実施した。これも子供の負担を軽減することを表向きの理由として掲げたが、後述するように本当は労働五日制にする必要があったためである。

第三に教育方法としては生活学習や総合学習を重視する方針を打ち出した。そのため小学校1、2年生では理科・社会をやめて生活科を置くことにした。また小学校から高校まで総合的な学習の時間を置いて問題解決型学習をさせることにした。第四は中学校及び高校を中心に必修科目を減らし、選択科目を増やした。

第五に子どもの興味関心を重視すべきだということから、教員は児童生徒を指導するよりは支援することを主とすべきであるとした。これが末端に至ると指導は一切まかりならんという極端な話になってしまった。第六に相対評価をやめてその代わりに絶対評価を導入した。その結果、上位の評価が増えて意味をなさなくなるという問題が生じた。

2 なぜ新しい学力観なのか

　それにしても「新しい学力観」が提唱されるに至ったのはいかなる理由に基づくのか。主な理由として挙げられたのは、これからの学力は知識の量ではなく「生きる力」である以上、それを強化すべきであり、学力水準の達成よりも学習意欲こそが大切だから、その学習意欲が引き出せるような教育にすべきだということである。

　教育内容や授業時間を減らせば、短期的には習得する知識の量が減るとしても、ゆとりができて勉強が好きになるから長期的にはかえって学習量が増えることになる。楽しい体験をさせれば子どもたちの学習意欲が高まり、ストレスが無くなり、落ちこぼれも少なくなるという理屈である。しかし以上はあくまでも表向きの理由であり、新しい学力観の具体的な形態である「学校のスリム化」には表面には出されなかったいくつかの潜在的理由がある。

　その第一はエリート教育の推進である。三浦朱門教育課程審議会会長によれば、ゆとり教育の本当の狙いはエリート教育の推進であったが、平等主義の強い我が国では機会均等に反するとか、受験競争を激化するといった理由から強力な反対が予想されたために、表現をぼかしたのだという（斉藤 2000：40-41）。

　それを具体化すれば学校や教科の選択幅を拡大して能力・資質に応じた教育をすべきだという「学力分業論」になる。

　第二は公教育の圧縮による財政支出の削減である。国や地方公共団体が担う分野を限定し、それ以外は民間や家庭に任せることにより、財政支出を節減できる。この公教育圧縮論は臨教審で学校教育自由化論の旗手として活躍した香山健一氏に始まる。彼は「国家の統治行為としての教育」は公共的に運営されるが、「サービスとしての教育」は学校以外の知識産業、文化産業、情報産業、教育産業などにゆだねられるべきだとした（香山健一　1987：108）。

　経済同友会の二十一世紀の学校構想（同「学校から合校へ」1994年4月）は、この構想を引き継ぎ、教育行政が責任を負うのは国語・算数（数学）・道徳・日本史を教える「基礎教室」に限定し、それ以外の教科を教える「自由教室」

は教育産業、学校行事やクラブ活動などを担当する「体験教室」はボランティアや企業の協力によることを提唱した。

　小渕首相の私的諮問機関として設置された「二十一世紀日本の構想」懇談会は、香山構想とまったく同様に国家の義務を統治行為としての教育に限定することによって、教科内容を5分の3にまで圧縮し、登校日を週3日に削減することを提案している（「二十一世紀日本の構想」懇談会　2000：164以下）。

　第三は教育産業への門戸開放と私学の振興である。新しい学力観が唱えられた当時でも主要5教科の授業時数は私学が公立の1.5倍だったが、公立にゆとり教育を導入することによって私学や学習塾の魅力をさらに増大させることができる。その意味でゆとり教育は学校法人に対する補助金の交付と並んで有力な私学振興政策だった。また、公教育が担当する分野を狭く限定することは、学校設置に関する規制の緩和と並んで教育産業のために新しい市場を提供するものであった。

　第四に「学校週5日制」は学校教育の必要からではなく、労働週5日制を実施する必要から生まれた。前述したような働き蜂社会から脱却しなければならないという事情から、我が国にも労働週5日制が普及し、民間企業だけでなく官公庁で週5日労働が普通になってきた。そこで教職員組合も労働週5日制を要求するようになった。

　教職員の労働週5日制と児童生徒の学校週5日制は別の問題であり、教職員数を増やして学校週6日制を維持するということも考えられる。しかし教職員の定数増加は容易ではないし、土曜日に学校はやっているが、文部省や教育委員会は休んでいるというのでは、万一事故が起こったときに世論がどう反応するかという心配もある。そうした事情から結局学校も週5日制となったのである。

　当時、雑誌に学校週5日制を批判する一文を書いたところ、学校週5日制に関する研究協力者会議の主査から手紙を頂戴した。きっと厳しい反論に違いないと思って読んだところ、「よくぞ仰って下さいました」とあったのに驚いた。立場上口に出されなかっただけで、この制度が問題なことは先刻ご承知だったのである。

第五に「総合的な学習の時間」の創設もまた限られた授業時数の中での新教科開設の要求に対応するための工夫だった。教育課程審議会では学習指導要領が改訂されるたびに各教科による授業時数の争奪戦が行われるが、毎年政府が予算を編成する際に各省庁が概算要求を行い、予算折衝を繰り広げるのと同様、それはタイム・バジェットの課題である。

　時代の変化に伴って環境、福祉、外国語、パソコンなど新しい学習課題について学校で教えることが求められていたが、学校週5日制の実施を迫られている状況にあって、総授業時数は削減する必要こそあれ、これ以上増加する余地など全くなかった。かといって既存の教科の廃止や時数の削減は全国にいる当該教科の担当教員や彼らの期待を一身に受ける教科調査官などから猛烈な抵抗を受けることになる。そこで窮状を打開するアイデアとして登場したのが「総合的な学習の時間」を設け、そこで何を学習させるかは各学校の判断に任せるという案であった。

3．誰が新しい学力観を推進したのか？

1　教育界の伝統と政策策定者の変容

　とはいえ新しい学力観が登場し、教育政策の転換が実現したのは、いうまでもなく社会的な合意があったからである。前述したように学校教育のプロバイダーである教職員や文部科学省・教育委員会など教育行政関係者の見解が一致しただけでなく、学校教育のユーザーである保護者やマスメディア及び産業界もまたそうした考え方を歓迎した。

　教育界には「子どもの体験や活動を活かす」ことが教育の進歩であるという考え方が根強く存在する。「子どもの主体性・能動性・自発性を発揮させる」、「一人ひとりの興味・関心・意欲を尊重する」などといった言葉は美しく力強いものの、空虚で変幻自在な意味内容である。その点では戦時中の支配的な教育理念だった「国体」の観念に近い。

　しかし、そうは言っても教育関係者としては「子どもは太陽」、「個性尊重」、「分かる授業」、「楽しい学校」といった殺し文句に抵抗することは難しい。

「わからない授業でよいのか」。「楽しくない学校でよいのか」といわれるとつい怯んでしまう。肝心なのは「面白い」とか「楽しい」といっても、その中身は同じではないことである。

　数学教育協議会などが掲げた「楽しい授業・楽しい学校」というスローガンも当初は、学問や文化を学ぶことがもたらしてくれる、内面的な楽しさを意味したのが、しだいに学校秩序を維持するための娯楽的な楽しさに変容していった（松下良平　2006：317）。その結果、「学力をつけること」（わかること）や「躾や規律を身につけること」（厳しくすること）もまた必要だということが忘れられていった。結果的にゆとり教育は学力低下だけでなく、勤勉、真面目、努力などの価値観を解体した疑いがある。

　もともと教育や文化、学問や科学を所管する役所でありながら、文部科学省には意外に知的学力を軽視する傾向が見られる。例えば、戦時中でも軍の学校は外国語の授業を続け、採用試験も体力テストではなく学力テストを実施していたのに対し、文部省所管の学校は英語の授業をやめ、学力試験をせずに体力テストを行っていた。

　戦後においても未だにこうした傾向は続いているようである。私は省庁所管や部局所管の学校を調査したことがあるが（市川昭午編　1993）、その際に聞いた話では学位認定等の問題にかかわって他省庁所管の大学校が文科省から授業時数が多すぎるとしてクレームをつけられたことがあるという。

　こうした教育界の伝統に加えて文教政策の策定にあたる文部科学省のキャリア官僚や教育関係審議会の委員あるいは国会における文教関係議員の顔ぶれも代わった。

　戦前のエリート・トラックは「県立中学→旧制高校→帝国大学」だったが、戦後前期にはそれが「都道府県立有名高校→有名国立大学」に引き継がれた。東京都でいえば、番町小学校から麹町中学及び日比谷高校を出て東大というコースである。

　ところが70年代中頃からの戦後後期になると「名門大学付属幼稚園・小学校→私立中高一貫校・インターナショナルスクール・海外の学校→ブランド大学・海外の大学院」に代わった。ゆとり教育推進者として知られ、ミス

ター文部省と呼ばれた寺崎研氏自身中高一貫の私立進学校の出身者で受験勉強を強要されたという被害者意識の持ち主である。

　こうした人々は彼らの個人体験に依拠してものを言っており、一部の進学校における体験を全国的な現象と取り違えただけでなく、彼らの学校体験から一時代が経過しすでに受験競争はピークを過ぎていたことに気づいていなかった。例えば寺脇氏の大学受験は1970年頃のことで、ゆとり教育が本格化したのはその20年後のことである。

2　世論の圧力と産業界の能力主義

　70年代中頃には高度経済成長から成熟と停滞に時代への移行に伴って所得増大や階層上昇の可能性が縮小し、勉強の代償が不確実になったことから勉強嫌いや学校嫌いの子どもが増加した。また保護者の消費者主権意識の台頭や子どもの権利意識の高まりから「子どもは王様」的な考え方が浸透していった。

　その結果児童生徒に学習への動機づけが難しい状況に直面した学校側は、教育の目標を立身出世から個性発揮へ、教育の方法を厳しい授業から楽しい授業に切り替えることで対応しようとした。いわゆる「スズメの学校からメダカの学校へ」の転換である。その意味でゆとり教育には管理主義教育の代替ないしは補完という性格を有している。

　ちなみにスズメの学校というのは「チーチーパッパ、チーチーパッパ、雀の学校の先生は、鞭を振り振り、チーチーパッパ」という戦前の歌で、伝統的な学校を指すのに対し、メダカの学校というのは「メダカの学校は川の中、そっと覗いて見てごらん、皆でお遊戯しているよ」という歌詞で、戦後の学校をさしている。

　受験競争と詰め込み教育がいじめや非行の温床となっていると判断した世論は、詰め込み主義・競争主義の克服を声高に叫ぶようになり、60年代「教育の現代化」による学習内容の高度化が招いた児童生徒の過度な負担を軽減すべきだとした。後述するようにこれは事実誤認であったが、官僚の中にも同じような認識を有する者が存在したし、マスコミの是正要求をまともに信

じた政治家が行政に圧力をかけることもあった。
　他方、産業界は学校教育が平等主義から能力主義へ転換するように要求し始めていたが、この要求が教育界における詰め込み主義是正要求と合体し、強力な世論となった。産業界は教育界の個性主義が平等主義に由来することを知らなかったが、間もなく学力の低下を国力の低下と受け止め、これを問題視するようになった。
　戦後教育の総決算を呼号した中曽根内閣が設置した臨教審では教育理念を担当する第一部会が学校自由化論や能力主義を提唱したものの、教育関係者が多かった初等中等教育担当の第三部会が反対した。その結果、妥協の産物として「個性重視」という表現になったが、これが教育界の好みに合致するものであった。
　ゆとり教育の淵源はこの学校自由化論に求められるが、それが「個性重視」という表現をとったために、教育関係者はゆとり教育が子どもの負担を軽減するためのものではなく、公教育と私教育の格差を拡大させるための政策であること、個性の尊重や創造性の涵養が能力主義の徹底であることを見抜けなかった。
　教育界も産業界もお互いに相手方が言っている「個性重視」が何を意味しているのか、十分に理解していなかった。外国でも新教育批判の主要な動機は国際競争力の強化だった点は共通しているようであるが、いずれの場合も国力低下論者がグローバル化に伴う企業の海外展開及び人材の国際的な流入・流出との関係をどう解しているのかはなお定かでなく、理解に苦しむところでもある。

3　教育政策における対立軸の変貌

　学校教育では具体的な学力を扱わねばならないから操作的な定義に従うのが現実的であるが、学習の対象となる教育内容は教育の目的に従って用意されるものだから、教育に対する社会や時代の要求によって変わるし、それに応じて評価される学力も違ってくる。そのため時代や社会の教育要求を反映して学力は様々な学習能力として存在することになる。

その結果社会認識や未来認識によって異なる学力観が生まれ、論争が行われることになる。今回の学力論争に関していえば、ゆとり教育推進派は成熟社会論や高度消費社会論に立脚しているのに対して、反対派は産業社会論ないしはメガコンペティション論に立脚しているということができよう。

戦後、特に55年体制の時代における教育界の対立軸は、国家社会的要請を重視する側（産業界・自由民主党・文部省）対児童生徒のニーズを重視する側（保護者・社会党・共産党・日教組）だったが、臨教審以降、政府の政策介入を回避しようとする側（ゆとり教育肯定派）対政府の政策介入を要請する側（ゆとり教育否定派）に変わった。

こうして児童生徒の自由と選択を尊重するという点で新自由主義経済人と進歩主義教育者が一致する状況が生まれたが、その結果、文部科学省の政策は矛盾に満ちたものとなった。それは児童生徒に対しては自発性・能動性を発揮させようとしながら、教員に対しては上命下服と時間外労働を強いるものであった。

教育界は政府の規制緩和政策に警戒的でしばしば抵抗する反面、厳しい生徒指導が問題行動を引き起こす原因という認識をしており、その点では児童中心主義は新自由主義政策と通底していた。したがって規制緩和という点で両者は親和性を有していたが、むろん教育政策のすべてについて見解が一致しているわけではなく、見解を異にするところもある。

それは産業界・官邸筋・エコノミストは教育委員会制度を廃止ないしは任意設置に、義務教育国庫負担制度の廃止、株式会社の学校事業への参入許可、公立学校の公設民営化など「学校教育に対する規制緩和」なのに対し、教育界・文科省・教育学者は校則の緩和、人間味のある生徒指導、欠席や不登校の容認、受験資格の緩和など、「学校教育における規制緩和」だという点である。

4．新しい学力観がなぜ支配的となったのか？

1　根強い新教育の伝統

すでに述べたように「自分で考え、主体的に判断し、行動し、よりよく問題を解決する資質や能力」の育成が望ましい学力であるといった学力観は昔から存在していた。戦後の新教育も学習者の主体的・実践的な問題解決能力の育成が大切であると考えて、学力の中核に関心・意欲・態度などの情意的な側面を据える立場は共通している。

新教育で行われた「生活単元学習」や「問題解決学習」などはまさに「総合的な学習」そのものであった。これに対して客観的な知識や概念の獲得を重視すべきだと考えて、認知的な側面に学力を限定し、教育内容の科学化・系統化を促進しようとする立場からの批判にあって衰退していったことも共通している。

新教育は字義通りに解すれば既成の慣習的な教育を変更・改革する運動を広く指すはずであるが、実際には学習者の欲求・関心を活用し、積極的な活動を行わせようとする活動主義・経験主義・生活主義・児童中心主義の教育運動をいう。合科教授（合科学習）、全体教育（作業教育）、自由・自発・個性の尊重などがその特徴である。

周知のようにキリスト教には旧教と新教があるが、不思議なことに教育界には新教育の運動があるだけで、旧教育運動というものは存在しない。「旧教育、教師中心主義、教科書中心主義」などという言葉はあるが、すべて新教育運動の側が既存の公教育をさして一方的に使った評語でしかない。政治思想には保守と革新という思想が拮抗しているが、教育思想に進歩主義はあっても保守主義はない。進歩主義教育（progressive education）はアメリカの、改革的教育学（Reformpadagogik）はドイツの新教育をいうが、これに対する保守主義教育という主張は聞いたことがない。

唯一存在するのは1930年代から生活経験を重視する経験主義教育に対する批判として登場したエッセンシャリズム（本質主義）であるが、これは人類文化の最も基本的な内容（ミニマム・エッセンシャルズ）の伝達を学校教育

の主要な任務であるとし、主要教科の系統的な教育・学習を要求、必要ある場合には規律と服従を求めるものである。

　児童中心主義は伝統的な教育から子どもを解放し、子どもの発達や活動を中心に考えようとする主張をいうが、大恐慌を契機として児童中心に偏した方向が反省され、社会的見地を重視する方向が採り入れられた。デューイの教育思想は本来個人と社会の一元的統一論であり、社会的協同や社会制度改革を目指す市民性（公共性）の育成を視野に入れたものだった。そうした点で進歩主義教育が教員運動と親和性をもつようになったと考えられる。

2　なぜ教育界では個性主義が強いのか？

　教育界に個性主義が蔓延した理由は、第一に平等主義を貫きながら画一主義という非難を回避する必要があったからである。我が国では一方で平等主義が極めて強力でありながら、他方で平等主義的な扱いが画一主義と非難される。それではということで平等主義的な扱いを止めると今度は格差拡大だとしかられる。そうした社会では、「差異」を「個性」と偽装するほかなかった。そうした事情は理解できるにしても、問題は教育方法として「個性的な教育」が「個性を育てる教育」になるとは限らないことである。

　第二に個人の尊重と個性の尊重が取り違えられたことである。教育基本法は「個人の尊厳を重んじ」（前文）、「個人の価値を尊重する」（第2条）ことを謳っているが、「個性を育てる」ことを教育の目的としていない。個人の尊厳を重んじるためには個性を抑制する必要がある場合もないわけではない。個性的であることが凡庸さの中でひときわ目立つ存在であることだとすれば、それはすべての人間をかけがえのない存在として尊重することと両立しない。また個性的である人が存在感を発揮できるのは周囲に凡庸な人々がいるからであり、皆が個性をもつようになれば、個性があることは凡庸なことになってしまう。

　第三に公教育の目的と性格が的確に理解されていないことである。学校教育は社会システムであり、特に義務教育を中心とする国民教育は国家的な制度である。我が国の場合、それは「人格の完成を目指し、平和で民主的な国

家及び社会の形成者として」の「国民の育成」を目的とする。したがって、共通の文化遺産や社会規範の伝達が不可欠とされるし、ときには個性を矯めることも必要とされる。

　企業でも「個性のある創造的な人間が欲しい」などと訓示をする社長がいるが、通常その種の人間は必要であっても少数いれば足りる。むしろすべての社員が個性的であるような会社は統制が利かず、倒産が危ぶまれる。国家・社会も同じで社会統合と国民形成のためには最低限の共通性が前提となる。

　J.J.ルソー新教育の元祖ともいうべき人で、その著書『エミール』は新教育論者のバイブルのようになっているが、あくまでも個人教育について書いたものである。ルソーの著書でも、『社会契約論』や『政治経済論』では教育を捉える視点が全く違っている。例えば、『社会契約論』では国民に権利を認める代わりに義務として祖国への献身を求めている。これからも教育を論じる場合にはこの両面を踏まえる必要がある。

　第四に学校教育と個人教育が混同されていることである。近代学校教育はコメニウス以来集団を対象とするものである。同一年齢の大勢の子どもを一つの学級に収容して、一人の教員が彼らに協調性を養わせ、一定水準の学力を身につけさせるためには、学校教育はある程度まで画一的であることは避けられない。

　学校は家庭や寺子屋、学習塾などとは違い、本来集団を教えるところである。しかし、教育が家庭から始まることもあって、学校教育にも一人ひとりの子どもを対象とする個人的・臨床的な性格が残ることになる。そのため教職員集団と学習集団及び学習者どうしの関係ではなく、「教師」と「教え子」という個人どうしの関係として捉えられがちである。

　学力問題に関しても学級規模とか教員あたり生徒数といったことばかりが論じられるが、学力を形成する上でも教員個人と生徒個人の関係に劣らず教員集団と生徒集団の関係や生徒どうしの相互学習が重要である。この点が十分に理解されていない。

　第五に教育界が児童中心主義や個性主義に惹かれがちなのは、それが教員の欲求を充足するものだからである。教育実践にはそれが夢であると自分で

も半分承知しながらも、夢がなければやっていられないところがある。教育実践が理想やロマンを必要としているため、教育関係者にはロマン主義や理想主義が入り込みやすい。

また「小さな学力」が内部評価の対象となり、結果が出やすいのに対し、「大きな学力」になればなるほど測定が困難となるだけでなく、測定する時期は遅くなることである。結果がわかるのは数十年先ということになれば、現実から目を背けやすいし、結果に責任を負わなくてすむ。そうしたことが個性主義が歓迎されるもう一つの理由といえよう。

3 「新しい学力」から「確かな学力へ」

そのためか新しい学力観が問題解決の切り札であるかのような触れ込みで打ち出され、それに基づく一連の施策が実施に移されたが、まもなく各方面から批判が続出するという事態が生じ、文部科学省も「確かな学力のため」という表現でその軌道修正を図らざるを得なくなった。この用語は「確かな学力の向上のための2002年アピール『学びのすすめ』」（02年1月17日）以来公式に使われるようになった。

「確かな学力」の提唱を「新しい学力観」の転換ととる向きが多かったが、発展と解する見解もあった。中教審答申「初等中等教育における当面の教育課程及び指導の充実・改善方策について」（03年10月7日）は「生きる力」をキーワードとし、「確かな学力」は「豊かな人間性」、「健康や体力」とともにその構成要素の一つとしていたからである。

中教審答申「幼稚園、小学校、中学校、高等学校及び特別支援学校の学習指導要領等の改善について」（08年1月17日）もまた「生きる力」という基本理念に変化はないと述べている。したがって「生きる力」は20年以上にわたって教育課程の基本理念とされてきているが、その意味は定かではない。

文部科学省による「生きる力」の英訳は"zest for learning"であるが、これでは"学習意欲"という意味になってしまう。英字新聞では"ability to survive"と訳されていたが、この方が日本語として常識的な意味であろう。しかしそう解するとあまりにも当然のことであって、異を唱える者もいない

代わりに新しいスローガンとする意味もなくなる。

　教育、特に義務教育の目的が「よりよく生きる」ことであり、その教育目標がすべての国民に必要最低限の「生きる能力」を身につけさせることであるのは、古今東西を通じてほとんど共通しているといってよいであろう。

　1880（明治23）年の小学校令第一条は「小学校ハ児童身体ノ発達ニ留意シテ道徳教育及国民教育ノ基礎並其生活ニ必須ナル普通ノ知識技能を授クルヲ以テ本旨トス」と定めていた。これからも知られるように百数十年前から義務教育は生きていくのに不可欠な知識技能を身につけさせることを目的としてきた。したがって基本理念に変化がないのだから「ゆとり教育から詰め込み教育への転換」ではないというのは理由にならない。具体的な施策を見れば教育課程編成の基本方向が変わったことは明らかである。

　1977年以来31年ぶりに授業時数が削減から増加に転じただけでなく、「生きる力」育成の目玉である総合的な学習の時間を縮小した。また土曜日の活用など事実上週六日制を復活させ、中学校では必修科目の授業時数増加と選択科目の授業時数削減を行った。答申に基づいて2008年3月28日に告示された幼稚園教育要綱並びに小学校及び中学校の学習指導要領を見ても、「自ら考える」よりは「教員が教える」に軸足を移したという印象は拭えない。

5．確かな学力への転換はなぜ生じたのか？

1　目に見える成果を示せなかった

　「自分で考え、主体的に判断し、行動し、よりよく問題を解決する資質や能力」の育成を目指す「新しい学力観」はそれ自体決して悪いものではないし、むしろ優れた教育目標と言えるかもしれない。にもかかわらずゆとり教育が失敗に終わった原因はいくつかある。その最大のものは目に見えるような成果を挙げられなかったことであろう。

　推進論者の寺脇研氏は「新学習指導要領で学力は下がらない」、「新学習指導要領の施行によって、塾通いは減りこそすれ、増えることはない」、「新教育課程の施行によって、むしろ私立から公立への回帰が起こる」と主張して

いたし（2001）、その後でも『それでもゆとり教育は間違っていない』（寺脇 2007）と主張している。

　論者によって学力の捉え方が異なるし、学力調査の結果も様々である。その上学力観は未来認識によって違ってくるものだから、「新しい学力観」自体が間違っていると一概には言えない。しかし塾通いと私立志向が増えたことは確かであり、推進者が掲げた効能書きに照らして「新しい学力観」に基づく施策は失敗に終わったといってよいであろう。

　知識・理解・技能など「古い学力」は多少低下したとしても「新しい学力」が向上しているという弁明は意味をなさない。というのも古い学力の水準低下と格差の拡大は当然としても、それを補ってあまりある新しい学力が実現したという証拠がないからである。思考力・判断力・表現力・学習への関心・意欲・態度などを重視することが本当に自発的な学習を促進するものなら、論理的帰結として古い学力も向上するはずである。

　ゆとり教育は目に見える成果を示せなかったし、学力が選抜の手段であるという現実に変わりはなかったから、教育を受ける側の支持を得られなかった。そのスローガンは生徒や保護者から信用されず、その教育課程は不安視されていた。彼等は公立学校を見限って私立学校を選択するとか、学習塾や予備校に頼るようになった。

2　教育条件の整備が伴わなかった

　それではなぜ目標が達成できなかったかといえば、これまたいくつかの理由が考えられるが、真っ先に指摘されるべきは教育条件の整備が伴わなかったことである。

　現代社会では家庭や地域社会が教育を行うことは困難なため人工的な学習環境の整備が求められる。そうした配慮に基づいて行われるのが学校教育である以上、学校教育を縮小するには学校外部にそれに見合うだけの環境が整備されることが前提となる。それがないのに学校にいる時間を短くすれば子どもがよくなるというのは暴論という他ない。

　戦前の師範学校や高等師範学校、戦後の教員養成大学の付属学校などで

は、新しい学力観に立脚した総合的な学習が行われてきたが、それは恵まれた学校環境において学習能力と家庭環境に恵まれた児童生徒を対象に、これまた恵まれた能力を有する教員が教えて初めて成り立つものである。

　しかし同じ教育目標の達成を不十分な教育条件の下ですべての児童生徒に期待するのは現実を無視した教育政策といわざるをえない。それは家庭の経済的・文化的格差、子どもの能力・資質の違い、地域環境、教育条件の差異などを軽視し、階層分化を促進することになる。このことに気づかなかったとすれば関係者は不勉強の汚名を甘受せざるを得ないし、知っていて実施したとすれば偽善的と謗られても仕方がない。

　すでに述べたように教育界には新しい学力観を支持する者が少なくないが、それに劣らぬくらい新しい学力観を支持しない者も存在する。学校教員といっても小学校、中学校、高等学校の順でゆとり教育に賛成する者の割合は減少し、賛成しない者の割合が増大する傾向が見られる。

　この違いは、一つには小学校の教員が全教科を教えるのに対し、中学校と高校は特定の教科だけを教えることに起因する。総合的な学習の時間にしても小学校は比較的やりやすいのに対して、中学校さらに高校と進むにつれて困難となる。それに加えて進学や就職を控えているか否かの違いがある。選抜社会の現実に直面する中等教育では、選抜の手段とされる知的能力の育成に力を集中せざるをえないからである。

　新しい学力観にとどめを刺したのは教育する側の協力を得られなかったことであろう（諏訪哲二　2009：189）。ゆとり教育が教員の協力が得られなかったのは、教員に過重負担を課するものだったからである。学校週5日制は土曜日の無給労働と平日7時間授業をもたらし、相対評価に代わる絶対評価の導入と合わせて教員の労働時間を増大させ、疲労困憊させるものであった。

　特にゆとり教育の下での「総合的学習の時間」は教材の用意や授業の準備に大変な時間を必要とし、教員は5割り増しの労力を要求されることになる（根本浩『ゆとり教育は本当に死んだのか』角川ＳＳＣ新書、2007年、1頁）。したがってよほど恵まれた条件の下でなければ、たとえ一時的に実行できたところで長続きしない。結果的に市販の総合的学習用テキストを使ったおざな

りの授業になるとか、手薄になった教科教育の補充に転用されるなど、空洞化していった。

3　説得力が乏しかった

　新しい学力論はいくつかの点で世の識者や一般国民が納得しがたい内容を含んでいた。
　第一に授業日や授業時数を少なくすれば学校がよくなるとか学力が向上するというのは不可解な話である。関係者が楽をすればするほどよい結果が得られるというのが本当だとすれば、これほどうまい話はないが、この論理を突き詰めていくといちばん望ましいのは学校をなくすことだという学校死滅論になってしまう。
　同じ頃に病院も週5日制を採用し始めたが、「患者様にはご迷惑をおかけしますが、まげてご了承下さい」という挨拶を張り出していた。すべての業界で週休2日制が普及し始めていたから、学校の場合も同じ趣旨の説明をするのであれば学校5日制の導入もそれなりに理解できないわけではない。しかしわからないのは学校を週5日制にすれば教育がよくなると説明していたことである。
　第二に「ゆとり教育」で「生きる力」を培うという構想自体が信憑性に欠ける。というのも生活のゆとりと生きる力とは相克しがちだからである。逆境に負けず、しぶとく生き延びる力は概して厳しい環境でこそ培われるのであり、豊かな社会では衰弱していく。生きる力とは常識的な意味に解する限り、究極のところ飢餓的状況において生き残るサバイバル能力のことであろう。そうだとするなら、それを培ってくれるのは楽しい教育ではなく、厳しい教育、過酷な訓練である。
　新しい学力観は過度の受験競争が子供たちにゆとりをなくさせているという認識に立脚しているが、これは誤りである。受験競争が激しかったのは一昔前の話であり、ゆとり教育が提唱された頃には大幅に緩和されていた。また受験競争が激しかった時代の方が学校教育の病理現象は少なかったし、受験校の方が病理現象の起こる確率が低く、受験競争が教育病理の原因ではな

かった。子供にとって学校が重い意味をもっていたのは昔の話であり、1990年代の学校はすでに軽いものになっていた。

　第三に新しい学力観が教育的に望ましいものだとしても、冷戦終了後の世界は地球的規模で経済競争が激化する方向に向かっていたから経済社会の動向から言って現実性を欠いていた。クリントン政権の労働長官は新しい経済の下での労働実態を考えると、学校教育のスリム化でなく、その逆が望ましいと述べていた（ライシュ　2002：394）。

　初等中等教育におけるゆとり教育の導入は同時進行していた高等教育における競争の促進や経済産業政策における市場原理の徹底とつじつまが合わない。産業経済の急速なグローバル化への対処を迫られていた高等教育や産業界からゆとり教育批判が出されるようになったのもそのためである。

　　4　新しい学力観はなくならない
　以上のような次第で、新しい学力観は人々の支持を失い、それによってその勢力は弱まったが、だからといって消滅したわけではない。それはいつの日かまた復活してくる可能性がある。そう予測するのにはいくつかの理由がある。

　その一つは学力低下の事実を指摘するだけでは新しい学力観に止めをさしたことにはならないことである。学力低下が事実だとしても、それはゆとり教育のせいだけではない。むしろ社会環境の変化とそれがもたらした子どもの変容によるところが大きい。成熟社会、消費社会において子どもや若者の生きる姿勢が違ってしまったのである。

　豊かな社会が実現したために無理をしなくても一応の生活ができるようになったこと、大学の増設と少子化に伴って全員入学が可能となったこと、進学率が上昇し、経済成長が鈍化した社会では難関大学へ進学しても立身出世の可能性は乏しくなったことなどから、勉強ができないのではなく、勉強しようとしない生徒が増えてきたのである（諏訪哲二　2008：32～35）。

　もう一つは「新しい学力観」は決して論破されないような論理構造になっていることである。それは次の2つの主張からなっている。第一に測定可能

な「小さな学力」は減少するとしても、測定が困難ないしは不可能な能力は増大するから、それを含めた「大きな学力」は決して減少していない。第二に「学習する能力」が増大するから、生涯のタイムスパンでみれば「学習した能力」も増大するはずである。

　第一の「大きな学力」は測定が困難ないしは不可能な部分を含んでいるからそれが減少したということは立証できない。第二の一生涯を通して蓄積される学力は測定されることがないからこれまた実証することは不可能である。数十年後に還暦年齢該当者を対象に学力調査を行うとしても、現時点において同様の調査が行われていない以上、比較はできない。

　というわけで、「新しい学力観」は 21 世紀に入って勢いを失ったが、それは世論の支持を失ったためであって、論破されたからではない。したがってしばらく姿を潜めているだけで全く消滅することはない。これまでも大正時代、戦後占領期、そして 20 世紀の第 4 四半期と、一定の期間をおいて繰り返し姿を現したことからいってその確率は高い。

　前述したように決して新しくない学力観が新しいものとして主張され、また受け取られたのは、戦後の新教育の展開に伴って学力論争が行われた時代から四半世紀以上の歳月が流れ、その間に文部官僚、教育研究者、学校現場の教員など、この問題に関係する人々がすべて入れ替わってしまったからである。だとすれば四半世紀くらい経った後に再び不死鳥のように蘇ってくる。そう予想してもおかしくはないであろう。

文献
尼子止編, 1922, 尼子止編『八大教育主張』大日本学術協会
市川昭午編, 1993,『大学校の研究』玉川大学出版部
岸本裕史, 1994,『見える学力、見えない学力』大月書店
木下繁弥, 1971,「学力論争の展開」肥田野直也他『教育課程総論』〈戦後日本の教育改革・第六巻〉東京大学出版会
木下繁弥, 1980,「学力論争」久木幸男他『日本教育論争史録』第一法規
経済企画庁国民生活局, 1991, 同編『個人の生活を重視する社会へ』大蔵省印刷局
経済同友会, 1994,「学校から合格へ」『二十一世紀の学校構想』

香山健一，1987,『自由のための教育改革』PHP 研究所
斎藤貴雄，2000,『機会不均等』文芸春秋
諏訪哲二，2009,『間違いだらけの教育論』光文社新書
諏訪哲二，2008,『学力とは何か』洋泉社
通商産業省産業政策局，1991，同編『ゆとり社会の基本構想』通商産業調査会
寺脇研，2006,「なぜ、今"ゆとり教育"なのか」山内乾史、原清治編『リーディングス：学力問題・ゆとり教育』日本図書センター
寺脇研，2007,『それでもゆとり教育は間違っていない』扶桑社
中野光，1968,『大正自由教育の研究』黎明書房
西勇，1963,「学力問題」柳久雄・川合章編『現代日本の教育思想』黎明書房
「二十一世紀日本の構想」懇談会，2000,『日本のフロンティアは日本の中にある』
根本浩，2007,『間違いだらけの教育論』光文社新書
松下良平，2006,「楽しい授業・学校論の系譜学」山内乾史・原清治編『リーディングス：学力問題・ゆとり教育』日本図書センター
矢口新,1958,「基礎学力をめぐって」国民教育編集委員会編『戦後教育問題論争』誠信書房
ライシュ，2002,『勝者の代償』(清家篤訳) 東洋経済新報社

第2章　新学力観による評価と入学判定

　　　　　　　　　　　　　　　　　　　　　　　　　木村　拓也

1．はじめに——「新しい学力観」による大学入試改革の経緯

　「新しい学力観」とは、1993（平成5）年10月に上梓された文部省編『小学校 教育課程一般 指導資料 新しい学力観に立つ教育課程の創造と展開』で「自ら学ぶ意欲や思考力、判断力、表現力などの資質や能力の育成を重視する」（まえがき）と定義されている（文部省（1993））。本章では、この「新しい学力観」が大学入試における入学判定に与えた影響について論じてみたい。

　まず、「新しい学力観」に基づいた大学入試改革の経緯について述べてみる。ただし、注意しなければならないことと言えば、学習指導要領の告示と大学入試段階とではタイムラグが生じるということである。というのも、「新しい学力観」に基づく学習指導要領が告示されたのが1989（平成元）年3月15日であり、小学校では1992（平成4）年度から、中学校では1993（平成5）年度から実施されている。そして、高等学校では、1994（平成6）年度の第1学年から学年進行で実施に移されたという意味において、本来「新しい学力観」による大学入試という問題は、1997（平成9）年度入試以降のこと、ということになる。具体的には1993（平成5）年9月16日に出された大学審議会答申「大学入試の改善に関する審議のまとめ」で、「(5) 高等学校の学習指導要領の改訂に伴い、平成9年度の入学者選抜からは、新しい教育課程で学習した生徒が受験するようになる。大学入学者選抜の改善を進めていくに当たっては、<u>自ら学ぶ意欲の育成や、思考力、判断力、表現力の育成を重視する新しい学力観に立った新学習指導要領の趣旨を踏まえ</u>、これらの能

力が適切に評価されるように配慮する必要がある」[下線は筆者による。以下同じ。]（大学審議会 1993/2002：403）と述べられ、大学入試の場面でも、「新しい学力観」に基づく入学判定を行うよう、方向づけがなされていった。

　まず、「新しい学力観」の淵源とも言える臨時教育審議会での議論を出発点に、教育課程審議会、大学審議会、中央教育審議会における学習指導要領での評価の提言と大学入試での入学判定の提言を時代順に見ていこう。1987（昭和62）年4月1日の臨時教育審議会第3次答申では、「第1節　評価の多元化」「（1）評価の基本的方向」として、「人々の創造性、個性が生かせる生涯学習体系を構築するため、これまでの学校における偏差値偏重、社会における学歴偏重の評価の在り方を根本的に改め、評価の多元化を図る必要がある」（臨時教育審議会 1987=1988：70-1）と述べられたように、「新しい学力観」による評価に基づいた入学判定は、点数絶対主義の入学判定の対案として誕生した。特に、大学入試に影響を与えた箇所としては、特に以下の3点を挙げることができる（臨時教育審議会 1987=1988：171-2）。

- 生涯学習体系への移行に向け、評価の内容は、知識、技術、技能、健康、人格、特性など幅広くとらえることが必要である。また、これら様々な側面の評価の具体的指標として、どこで学んだかという学歴のほか、何を学んだのかという学習歴、さらに、資格、顕彰、経歴、職歴など様々なものが考えられる。
- 評価の多元化にあたっては、これまでの学歴に偏重した評価の反省の上に、特定の評価指標を過度に重視することによって生じる弊害には十分に留意する。また、社会や他人からの評価も大切であるが、達成感、充実感などの自己評価も生涯学習にとって重要であることを認識する必要がある。
- 価値観が多様化している今日、学校における評価を、子どもたちひとりひとりの能力、興味、関心に即して、多元的に行うことが必要である。すなわち、学力以外の側面も積極的に評価するとともに、学力についても、子どもたちが興味や関心をもっている特別な教科、科目等

に着目し、ひとりひとりの優れた能力を伸ばしていけるような評価の在り方が大切である。

　ここで注目すべきは、「偏差値偏重」の社会的風潮を打破するために学力以外の側面を積極的に評価すべし、とした「学力以外」とは何かということである。「評価の内容」が、「知識、技術、技能、健康、人格、特性など」として、おおよそ「知識、技術、技能」が学力ベースのものであるとしたならば、「健康、人格、特性など」が「学力以外」にあたるという。また、批判対象となった「学力評価」の「学力」についても、それが学校教育の中での「子どもたちが興味や関心をもっている特別な教科、科目等」であるとしたことに特徴がある。そして、評価の方法も、達成度評価ではなく学習歴評価とすると、ポートフォリオ的な評価の重要性が語られている。さらに、「達成感や充実感などの自己評価」を他者評価の俎上に載せる、という構図である。こうした評価を大学入試の場面で考えるならば、「健康、人格、特性など」を積極的に評価し、「子どもたちが興味や関心をもっている特別な教科、科目等」について、「達成感や充実感などの自己評価」したものをポートフォリオ的に記した選抜資料を前に、他者評価である入学判定をすべき、ということになる。
　では、実際の入試では、こうした評価の理念がどう反映されたのだろうか。臨時教育審議会直後の「新しい学力観」に基づいた、1987（昭和62）年12月24日の教育課程審議会答申「幼稚園、小学校、中学校及び高等学校の教育過程の基準の改善について」では、「Ⅱ 教育課程の基準の改善の関連事項」「3 学習の評価」において、「日常の学習指導の過程における評価については、知識理解面の評価に偏ることなく、児童生徒の興味・関心等の側面を一層重視し、学習意欲の向上に役立つようにするとともに、これを指導方法の改善に生かすようにする必要がある」（教育課程審議会 1987：77）となった。これを受け、1993（平成5）年10月15日に出された文部省編『新しい学力観に立つ教育課程の創造と展開』で、具体的に「評価基準については、『関心・意欲・態度』『思考・判断』『技能・表現（又は技能）』及び『知識・理解』

の観点ごとに作成する必要がある」（文部省 1993：38）と明示されている。「関心・意欲・態度」が全面に押し出された格好となり、初中等教育段階での評価基準が設定された中で、大学入試はというと、1987（昭和 62）年の「幼稚園、小学校、中学校及び高等学校の教育過程の基準の改善について」の「4 上級学校の入学者選抜制度」で調査書の利用が謳われることとなる（教育課程審議会 1987：77）。

　　各学校においては、教育課程の基準に沿って、適切な教育課程を編成し、実施することになっているが、その実際をみると、上級学校の入学者選抜の在り方が大きな影響を与えており、知識偏重やいわゆる偏差値のみを重視した進路指導など各学校における教育の正常な運営にひずみを生じさせる要因となったり、また、過度の学習塾通いなどを招き児童生徒の生活に好ましくない影響を与えたりしている。したがって、教育課程の適切な編成や実施と相まって上級学校の入学者の選抜が多様な方法によって適切に実施されるようその在り方について十分な検討が行われ、必要な改善措置が講じられることが望まれる。その際、調査書における評価やその利用方法についても改善がなされるように配慮することが大切である。

　さらに、1991（平成 3）年 4 月 19 日 中央教育審議会答申「新しい時代に対応する教育の諸制度の改革について」の「2 評価尺度の多元化・複数化」では、「新しい学力観」に基づいた入試改革の概要が、より詳細に評価基準として明記されている（中央教育審議会 1991）。

　　ア　学力基準の多元化・複数化
　　　1）調査書、2）面接、3）小論文、4）実技検査などを加味し、学力検査にのみ偏しないように配慮する。これは既に数多くの大学で実行に移されている。
　　イ　特定の能力に重点を置いて選抜する方法

全教科の総点評価によるのではなく、秀でた特定教科や特定分野に重点を置く。
ウ <u>部活動・生徒会活動・取得資格・社会的活動その他を参考にする方法</u>
エ 海外帰国生徒、社会人、職業高校卒業生を対象として、一般の志願者と異なる方法により選抜する方法
オ <u>できるだけ出身高校が広範囲に分散するように入学させる方法</u>
　ⅰ）総点順位とは別の基準を設定する。
　ⅱ）特定高校出身者の一大学における寡占を是正する。
　ⅲ）各大学の実情に合わせたその他の方法を開発する。

以上を踏まえれば、一連の「新しい学力観」に基づいた大学入試改革とは、学力検査の総合得点方式による入試がもたらしてきた、既存の学校ヒエラルヒーの打破が目的とされていたことがよくわかる。そのための具体的な手段が、調査書、面接、小論文などの試験の実施であり、部活動や生徒会活動、資格取得、社会的活動などをも評価基準に定めて選抜する入学者選抜の在り方を提示したのであり、その結果、国立大学を中心とする有名大学入学者が進学校の卒業生に偏ることなく、専門高校などにも国立大学を中心とする有名大学への門戸を開くことが改革の狙いとされたのである。

こうして、臨時教育審議会第1次答申で、「人間を多面的に評価し、選抜の方法や基準の多様化、多元化を図らなければならない」（臨時教育審議会1985=1988：28）と述べられたことに始まり、1991（平成3）年の中央教育審議会答申「新しい時代に対応する教育の諸制度の改革について」で「できるだけヴァラエティに富んだ個性や才能を発掘、選抜するため、点数絶対主義にとらわれない多元的な評価方法の開発をする」（中央教育審議会1991）ことが謳われ、1993（平成5）年大学審議会報告「大学入試の改善に関する審議のまとめ」では、「各大学においては、評価尺度の多元化・複数化し、受験生の能力・適性等を多面的かつ丁寧に判定する方向で、高等学校から提出される調査書や学力検査、面接、小論文、実技検査等を適切に組み合わせて実

施する」(大学審議会 1993) とされ、1997 (平成 9) 年度入試を迎えたのである。
　さらなる趣旨の徹底化は、1997 (平成 9) 年 6 月の中央教育審議会第 2 次答申「21 世紀を展望した我が国の教育の在り方について」で図られた。ここでは、より具体的に、「学力」という一次元的な尺度観による選抜からの脱却のための評価基準が提示されている。それが「目的意識や意欲・関心」であり、「様々な職業経験や活動経験、特定の分野における優れた能力や学習の成果」に対する評価であった。1991 (平成 3) 年の記述より一歩進んで、帰国子女や普通科以外の高校卒業生のための特別枠の設定などが、盛り込まれている (中央教育審議会 1997)。

　(総合的かつ多面的な評価など丁寧な選抜)
　　選抜方法の多様化や評価尺度の多元化を実際に進めるに当たっては、まず、学力試験において課すべき教科・科目の選択幅の拡大や多様化を図ることはもとより、学力試験だけでなく、調査書、小論文、面接、実技検査、推薦文（自己推薦文を含む）など多様な手法に目を向け、これらを積極的に活用していく工夫が求められる。その際、個々の手法はそれぞれ評価尺度として一長一短があるのであり、これらを適切に組み合わせることにより、学力を含めた多様な能力・適性、目的意識や意欲・関心、さらには、様々な活動や努力の成果を総合的かつ多面的に評価するなどの丁寧な選抜を実施していくことが望まれる。

　(多様な活動経験や学習成果の評価)
　　また、子どもたちの多様な能力・適性、目的意識や意欲・関心を評価するという観点から、総合的かつ多面的な評価を行うことのみならず、様々な職業経験や活動経験、特定の分野における優れた能力や学習の成果を評価していくことは重要である。具体的には、社会人や海外帰国生徒に対する特別選抜、専門高校や総合学科卒業生のための特別枠の設定、学校の内外における文化・スポーツ活動やボランティア活動の積極的な評価などを一層進めていくことが望まれる。

1997（平成9）年6月の中央教育審議会答申「21世紀を展望した我が国の教育の在り方について（第2次答申）」でも「選抜方法の多様化や評価尺度の多元化、特に、総合的かつ多面的な評価を重視するなどの丁寧な入学者選抜を行ったり、調査書重視など初等中等教育の改善の方向を尊重した入学者選抜の改善」（中央教育審議会1997）が求められたりする、というように、「新しい学力観」と大学入試の改革は表裏一体の関係であったことは明らかである。このことは、大学入試関係の答申だけではなく、学習指導要領の改訂について議論する、1998（平成10）年7月29日の教育課程審議会答申「幼稚園、小学校、中学校、高等学校、盲学校、聾学校及び養護学校の教育課程の基準の改善について」でも言及されている。「4 大学、高等学校など上級学校の入学者選抜」では、次のように述べられている（教育課程審議会1998）。

　　今回の教育課程の基準の改善を実効あるものとするためには、ゆとりのある学校生活の中で、真に必要な基礎・基本をしっかりと身に付けるとともに、自ら学び自ら考えるなどの［生きる力］を培い、一人一人の個性を伸ばすなどの観点に立った入学者選抜の改善が不可欠である。具体的には、例えば、学力検査の一点刻みの点数によって合否を決定するのではなく、一定以上の点数を獲得していれば、他の資料によって選抜を行っていく方法、小論文・面接・実技検査の実施、各種技能審査や学校内外における文化活動・スポーツ活動・ボランティア活動などの積極的な評価、調査書と学力検査の比重の置き方の弾力化など、選抜方法の多様化や評価尺度の多元化を一層進める必要がある。

実際の制度面では、2000（平成12）年度から国立3大学（筑波・九州・東北）がAO入試を開始し、実施要項の中では、2002（平成14）年度より「第1選抜方法」の欄で、「詳細な書類審査と時間を掛けた丁寧な面接等を組み合わせることによって、受験生の能力・適性や学習に対する意欲、目的意識等を総合的に判定する方法」（文部省高等教育局長2001：35）としてAO入試が規

定されたのである。

2．「新しい学力観」による大学入試改革はどこまで現実的か？

では、この「新しい学力観」に基づいた大学入試改革はどこまで現実的なのであろうか。この是非については、これまでいくつかの論考で論じてきたところである。

まず第一に、「総合的かつ多面的な評価など丁寧な選抜」には、開始当初から科学的な根拠が全くないということが挙げられる（木村2007、2008）。そもそも、一次元的な学力選抜によって大学入学者選抜を実施させてきた我が国において、学力選抜以外の複数の成績指標を総合して多面的に評価することが入学者選抜方法として科学的に妥当であると宣言したのは、1971（昭和46）年の中央教育審議会答申（通称、「46答申」）が最初であった。その中で言及されていた、国立教育研究所と能力開発研究所の追跡調査データを再分析した結果、その両者とも科学的な根拠に乏しいことが明らかであった。具体的に述べれば、前者は、昭和初期の入試研究の時点ですでに指摘されていた、教育測定論の古典的なトピックである選抜効果の問題を全く考慮に入れておらず、サンプルサイズの関係でそもそも妥当な調査になりえていない。また、後者は、重相関係数の当然の性質である、成績資料（独立変数）を増やすたびにその限界値の1に近づくことを看過して、複数の成績資料を足し合わせることが大学入学後の学業成績との関係が深いと結論づけたのであった。これは、変数の多寡を調整する自由度調整済み重相関係数で再計算し直すことによって簡単に覆される結論なのである。

また、「特定の能力に重点を置いて選抜する方法」の一つとして、総合科学技術会議は、スーパーサイエンス・ハイスクール（SSH）やサイエンス・パートナーシップ・プロジェクト（SPP）などの理系人材養成政策での活動内容による選抜を挙げている。だが、この活動を評価すること自体は、選抜の公平性を著しく害する可能性がある（木村2009）。そもそも「評価基準の多元化・複数化」の一貫として、2004（平成16）年7月23日の総合科学技

術会議『科学技術関係人材の育成と活用について』では、SSH や SPP などの高大連携活動の実績を大学入学者選抜の場面で評価する方向性を打ち出した（総合科学技術会議 2004）。だが、これらの高大連携活動を可能にしている地理的条件について緯度経度を用いた直線距離計算から割り出した結果、大学入学者選抜において高大連携活動を評価することが、都市部の高校に通う生徒にとって優遇される結果になることを指摘した。そもそも、大学入学者選抜の多様化が、過度の受験競争により、「大都会に住んでいて、かなり教育熱心な家庭の子どもが圧倒的に有利」（中央教育審議会 1991）としてその是正を目指して進んできた経緯から考えると、大学入試の多様化はそもそもの意図と正反対の方向に進む可能性がある。そもそも、進学した高等学校が SSH に指定されているのか否か、指定されているとしてそれが自分の在学中に延長されるのか否か、ということは、そうした学校が身近にあって、努力して、受験し、合格する場合を除いて、とうてい受験生の努力いかんで解決する問題ではない。また、進学した高等学校が SSH に指定されているのか、否かというのは、結局のところ、学校リソースの優劣の問題に帰着する。それが評価されての大学入学者選抜は、学校リソースの優劣を評価していることにすぎず、生徒本来の能力を評価することからは遠くかけ離れている。一発勝負の学力試験から「多様な履修歴や経歴に応じた選抜方法の工夫」であり、「多様な活動に関する自己推薦書を選抜資料として活用する」（中央教育審議会 1999）大学入試に転換させるということは、生徒のパフォーマンスを測るという「個人戦」であった大学入試を、学校ぐるみの「団体戦」の様相が色濃くさせてしまう、ということにほかならない。そう言わざるを得ない状況を、現場ではしばしば目の当たりにする。

　本章ではこれらの視点に加えて「目的意識や意欲・関心を評価する」ことが本当に可能なのかという点を議論の俎上に載せてみたい。特に、そうした評価が果たして、テストとして高い信頼性を担保しうるのか、という観点でもって議論したい。

　テストの統計的な考え方について簡単に概略を説明すると、そもそも、古典的テスト理論では、「テスト得点」＝「真値」＋「誤差」と考える[1]。この

とき、古典的テスト理論では、「信頼性係数」=「真値の分散」/「総得点の分散」（或いは、「真値の分散」+「誤差の分散」）と定めている[2]。つまり、総得点の分散に占める真値の分散の割合が信頼性係数であり、一般に、再テスト法や平行テスト法で推定してみたり、信頼性の基準としてクロンバックの α 係数[3]を判断の指標として用いたりする。

テスト理論の分野では、誤差の評価についても研究が進み、一般化可能性理論と呼ばれるものが知られている。一概に誤差と言っても、試験実施時期や回数などの時間的な変動、出題される課題（質問項目）の違いといった項目間の変動、記述式のテストや面接であれば評定者がつける評点の違いといった評定者間の変動といったものなどが混在している。

一般化可能性理論とは、こうした系統誤差要因（相（fact）と呼ばれる）ごとに誤差成分を特定して、テスト得点がもつ誤差の範囲がどこまで一般化されるものかを指標化しようとして生まれたものである。一般可能性理論には、分散分析の手法を利用して、各要因の大きさ（分散成分）を推定する Generalizability Study（G研究）と、G研究で得られた分散成分から各テストデザインの信頼性を評価する Decision Study（D研究）とがある（池田 2007）。わかりやすく言えば、前者については面接評価や小論文採点において、いかなる誤差要因が大きく占めているのかがわかり、後者については、何人の採点者（面接官）でいくつの観点で試験を行うと、テストとしての信頼性が担保されるのかについての解を得ることができる。

木村・吉村（2010）では、この一般化可能性理論を用いて実際のAO入試のデータを分析している。この研究におけるG研究の結論の概略だけ述べると、AO入試の現場では、近年の大学入試改革で重要視されてきた、問題解決能力や意欲・努力・関心といった「新しい学力観」的な観点別評価に基づいた質問項目は、概して高校生にとって答えづらい問題になることが多く、信頼性が低いことが既に実証されている。つまり、現場レベルでは、中央教育審議会などで議論されてきた「新しい学力観」による入学判定は、絵に描いた餅、屏風の中の虎状態なのである。だが面接データをテスト理論という日本ではさほど普及していない専門知識を用いて分析しなければならな

いことから、こうした事実はあまり共有されることがなく、残念なことに大学入試制度として普及してしまうこととなる。一方で、木村・吉村（2010）では、一般化可能性理論において信頼性係数は一般化可能性係数の値でもって推定するのであるが、その値が高いのはAO入試実施学部の専門的事項を問うたものが多く、やはり専門分野に関連するものであれば、採点者（面接官）どうしの受験生に対する評価も一致し、かつ受験生の善し悪しをよくよく識別する、つまり信頼性が高いことが既に立証されている。

　面接や小論文採点において、採点者によってどれだけ誤差が入るのかということをよりよく理解してもらうために、具体的なデータを提示して説明してみたい。用いたデータは、毎年、クリスマス近くに行われる漫才コンテストM-1グランプリでの決勝ファーストラウンドの2001年から2009年までの9年分の評価点である。周知の通り、M-1グランプリとは、吉本興業主催する漫才コンテストであり、結成10年未満の漫才師が1回戦、2回戦、3回戦、準々決勝、準決勝、敗者復活戦、決勝と勝ち上がるトーナメント形式でグランプリ獲得を争う。グランプリ獲得者は、その後のテレビ出演の増加も含めて、スターダムが約束されるなど、若手芸人にとっては「M-1グランプリでの成功」＝「芸能界での成功の登竜門」といっても過言ではない。参加コンビ数は直近のM-1グランプリ2009において4,629組であり、名実共に、M-1グランプリは日本最大かつ最高の栄誉をもたらす漫才コンテストとして知られている。

　決勝での採点方法についてみてみると、錚々たる顔ぶれの著名なお笑い関係者7名（初年度のみ札幌、東京、大阪の地方票が存在した）が、コンビ結成10年未満の若手漫才コンビの漫才を100点満点で評価する。その合計点が高い上位3名（初年度のみ2名）が最終決戦に進出する。この意味において、準決勝を勝ち抜いた8組＋敗者復活戦を勝ち抜いた1組の計9組（初年度のみ10組）の漫才コンビで争われる決勝ファーストステージは、受験生10名で合格者3名の入学判定と同じ構造を持っていると考えてよい。またM-1グランプリが漫才師の人生を変え、大学入試が受験生の人生を変えるとすると、このM-1グランプリと大学入試の両者が個々人の人生に劇的な変化をもた

らすという意味で共通項をもった、個々人にとって非常に重要な人生イベントであるとも言える。

そもそも M-1 グランプリを持ち出したいちばんの理由は、錚々たる顔ぶれの一流お笑い関係者の評価には間違いはないと世間では信じて疑われないと考えたからである。結論を先取りすれば、その分野で一流であることと、信頼性の高い評価を下せることとは、まるで別問題である。もちろん、個々人の人生を決めるほど重要な評価点であれば、大前提として、その評価は統計的に正しくなければならず、それが故に、その結果が社会的な意味をもつものでなくてはならない。

ではまず、基本統計量から確認してみよう。図 2-1 および図 2-2 は、M-1 グランプリの 7 名の参加者のうち、継続的に採点に参加している 4 名の採点者（島田紳助、松本人志、大竹まこと、中田カウス）が決勝ファーストステージに進出した 9 組の漫才コンビの漫才に対してつけた評価点の平均点と標準偏差を表している。個々人で見ると、当初、島田紳助と松本人志の平均点が低く、辛口に評価していたことがわかる。ただ、全体的な傾向としては、M-1 グランプリの開催当初は、平均点が低く標準偏差も大きかったものが、近年、平均点が高くなり、標準偏差も小さくなってきており、平均点、標準偏差ともに揃ってきていることがわかる。果たしてこれは信頼性の高い評価をしている証左なのであろうか。

その答えを探るためには、こうした平均点や標準偏差だけを眺めてみても評価の本質的なところは見えてこない。例えば表 2-1 は、2008 年 M-1 グランプリの結果を採点者ごとに素点のまま表したものであり、表 2-2 がそれを偏差値[4]化したものである。つまり平均 50 を超えたものを 9 名の漫才コンビの中で評価したもの、それ以下のものを 9 名の漫才コンビの中で評価しなかったものと見るとわかりやすい。世間一般の感覚からすれば、89 点など 90 点に近い点数は、非常に高評価を得たと考えるかもしれないが、それは必ずしも正しくない。例えば島田紳助は NON STYLE に 94 点、オードリーに 89 点、ナイツに 89 点、笑い飯に 95 点をつけているが、偏差値で見るとそれぞれ、64、45、45、68 と、笑い飯をいちばん評価し、NON STYLE も

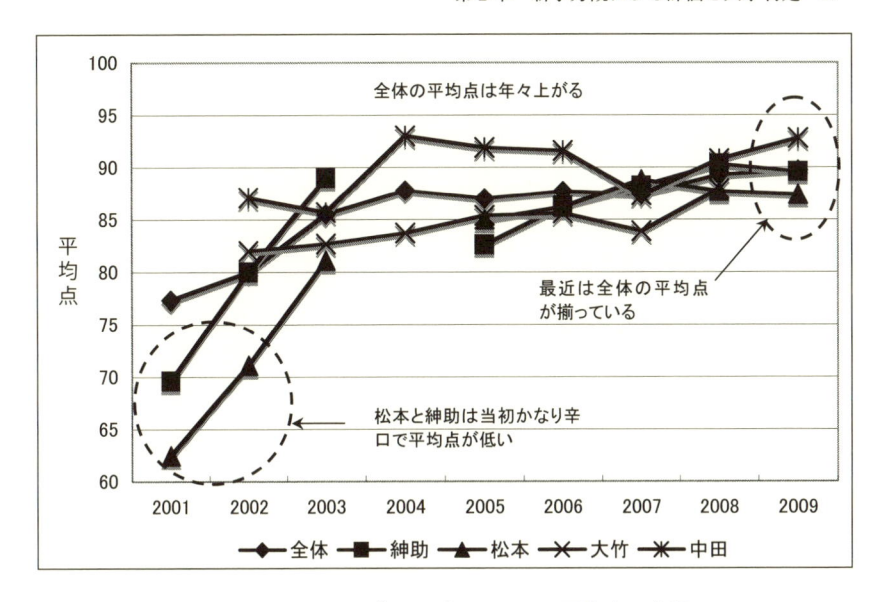

第 2 章　新学力観による評価と入学判定　39

図 2-1　M-1 グランプリにおける平均点の変遷

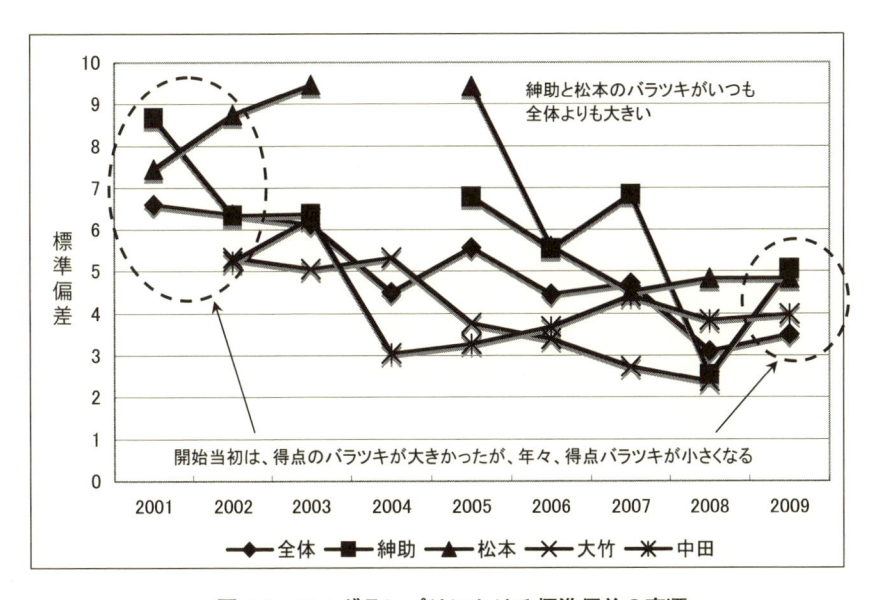

図 2-2　M-1 グランプリにおける標準偏差の変遷

高い評価であることが窺えるのに対し、オードリーやナイツには厳しい評価を下していることがわかる。比較的平均点の高い中田カウスも、素点でそれぞれ91点、98点、94点、88点とつけているが、島田紳助と異なり、NON STYLEと笑い飯を評価していない。偏差値で見ると、NON STYLEと笑い飯に中田カウスは、それぞれ51と43を付けているのである。つまり、一見同じような点数をつけているように見えても、本当は採点者は各漫才師を必ずしも同じようには評価していないことがわかる。その結果、素点で数え上げた得点で最終決戦進出者を決めた場合と、仮に偏差値得点で最終決戦進出者を決めた場合では、3位と4位で順位が入れ替わてっしまう場合も起こりうる。

　では順位ごとに固定の点を与えて評価してみてはどうだろうか。こうした時に便利なのがパーセンタイル順位という指標である。パーセンタイル順位とは、n個の観測変数があった場合、n個のデータを等しく百分割して、その値以下のデータがp%であるような順位をpパーセンタイル順位と呼ぶ。言うまでもなく、最高値が100、最低値が0であり、採点者間のレンジも等しくなり、順位ごとの差も等しい。例えばここでは、9人の漫才師が出場するので、1位に100点、2位に87点、3位に75点、4位に62点、5位に50点、6位に37点、7位に25点、8位に12点、9位に0点が与えられる。表2-3は、2008年M-1グランプリの結果を採点者ごとに素点のまま表したものであり、表2-4がそれをパーセンタイル順位で表したものである。表4で、パーセンタイル順位を足しあわせて総合点を算出してみると、先の偏差値得点と同様、計数得点での決定順位とは順位が入れ替わり、計数得点で3位だったNON STYLEがパーセンタイル順位では4位になり、計数得点で4位だったナイツがパーセンタイル順位では3位になってしまう。

　これら2つの例から見ても、採点者の採点した点を単純に足しあわせて総合点にし、その大小をもって順位を決めることが本当に正しいという、これまで私たちが当たり前のように信じてきた暗黙の前提には疑問を挟まざるを得ない。例えば、私たちの普通の感覚では、90点以上つけられると非常に評価が高いように思うが、先のように偏差値換算点でみると、そのことが錯

表2-1 計数得点で決定する決勝進出者（M-1グランプリ2008の場合）*

コンビ	順位	総得点	紳助	松本	上沼	渡辺	巨人	大竹	中田
NON STYLE	2	644	94	93	95	90	91	90	91
オードリー	1	649	89	95	92	92	91	92	98
ナイツ	3	640	89	93	95	91	89	89	94
笑い飯	4	637	95	89	89	91	91	88	88

* 順位が入れ替わったコンビについては網がけがしてある

表2-2 偏差値得点で決定した場合の決勝進出者（M-1グランプリ2008の場合）*

コンビ	順位	総得点	紳助	松本	上沼	渡辺	巨人	大竹	中田
NON STYLE	2	409	64	61	61	52	61	59	51
オードリー	1	421	45	65	52	63	61	67	69
ナイツ	4	391	45	61	61	57	54	55	58
笑い飯	3	394	68	53	61	57	61	50	43

* 順位が入れ替わったコンビについては網がけがしてある

表2-3 計数得点で決定した決勝進出者（M-1グランプリ2009の場合）*

コンビ	順位	総得点	紳助	松本	上沼	渡辺	巨人	大竹	中田
パンクブーブー	2	651	94	93	98	88	90	91	97
笑い飯	1	668	100	95	98	92	93	92	98
NON STYLE	3	641	90	92	98	89	87	90	95
ナイツ	4	634	91	85	93	88	90	91	96

* 順位が入れ替わったコンビについては網がけがしてある

表2-4 パーセンタイル順位で決定した場合の決勝進出者（M-1グランプリ2009の場合）*

コンビ	順位	総得点	紳助	松本	上沼	渡辺	巨人	大竹	中田
パンクブーブー	2	536	87	87	75	50	75	75	87
笑い飯	1	675	100	100	75	100	100	100	100
NON STYLE	4	412	50	75	75	75	37	50	50
ナイツ	3	449	75	37	62	50	75	75	75

* 順位が入れ替わったコンビについては網がけがしてある

覚であることがわかるだろう。偏差値換算するということは、平均を50、標準偏差10という一定の値に揃えるということに他ならない。こうした評価の場合、平均点の高低にはさして大きな意味がない。またパーセンタイル順位で換算するということは、被採点者間の差を一定の値にし、採点の範囲を0から100に固定化するということであり、こちらも採点者ごとの点数のバラツキを等しくしようと試みたことと同じ意味を持つ。近年、M-1グランプリにおいて、採点者の平均点や標準偏差が揃ってきてはいても、それが全く問題ないということではないのである。

また別の視点で、7人の採点者がそれぞれ平等に評価に関係しているのか、という観点で見ていきたい。テスト得点の統計処理において、各科目の合計得点に対する各科目の寄与率は共分散比[5]で表される（竹内1986）。

様々ある寄与率のうち共分散比が重宝がられるのは、各科目の共分散比を

表2-5　採点者の総得点に対する寄与率*

年度	採点者共分散比									
2001 （地域含む） （地域無し）	紳助 .09 .23	松本 .03 .14	鴻上 .04 .10	石井 .05 .18	小朝 .04 .11	青島 .03 .10	西川 .06 .15	札幌 .19	大阪 .23	福岡 .23
2002	紳助 .16	松本 .17	大竹 .15	石井 .14	洋七 .14	中田 .13	談志 .11			
2003	紳助 .16	松本 .23	南原 .08	洋七 .12	石井 .11	大竹 .12	中田 .15			
2004	西川 .16	南原 .15	大竹 .18	洋七 .19	小朝 .11	石井 .13	中田 .08			
2005	紳助 .18	松本 .24	渡辺 .12	大竹 .09	洋七 .16	石井 .13	中田 .07			
2006	紳助 .19	松本 .16	南原 .12	渡辺 .16	洋七 .15	大竹 .10	中田 .11			
2007	紳助 .23	松本 .12	上沼 .16	石井 .20	巨人 .10	大竹 .06	中田 .13			
2008	紳助 .08	松本 .26	上沼 .14	渡辺 .10	巨人 .14	大竹 .12	中田 .16			
2009	紳助 .22	松本 .20	上沼 .17	東国原 .06	巨人 .11	渡辺 .08	中田 .16			

*.14より大きい数字を網がけしてある

足すと合計が1になるからである。表2-5は、漫才コンビをテストのいち受験者、採点者 i を各科目と見なして、各採点者における寄与率を共分散比で表したものである。各年度を行ごとに足し合わせていくと1になる。採点者は、初年度の地方票がある場合を除いて7人であるから、全体1を採点者の人数の7で割って、共分散比は.14であれば、寄与は等しくなり、採点者はそれぞれ平等となるはずである。

　表2-5では、.14を超えたものに網がけをしてある。かなり極端な評価点をつけた2001年の地方票を除けば、おおむね島田紳助と松本人志の総合点に対する寄与率（＝共分散比）が高いことがわかる。最終決戦進出は、島田紳助と松本人志の評価点いかんに拠っていることが大いにありうるという結果である。島田紳助と松本人志は標準偏差が大きいことは図2-2で確認した。標準偏差が大きいことは、その分漫才コンビごとにつけた評価点のバラツキが大きいことを意味している。総得点に対する寄与率を表す共分散比は、その採点者の評価点の分散が大きければ、高くなる数値である。逆説的にいえば、入学判定に対しての自身の寄与を高めたければ、評価点のバラツキを意図的に大きくすればよい。

　また、例えば大学入試でも、全体に大きく影響を与えたくないということで（上下関係のはっきりした大学では往々にして考え得ることであるが）、目上の先生方よりも点数のバラツキを抑えて目立たずにおこうと思えば可能となる。M-1の採点の内情までは窺い知ることができないが、この大会の発案者であり主催者とでもいういべき、島田紳助や松本人志に気を遣って、他の採点者が大きく差の付く採点を遠慮するという操作ももちろん可能なのである。こうした個人の思惑による操作が容易に行える構造であることは理解しておかなければならない。採点者の寄与が平等ではないことはまだよしとしても、そもそもこうした仕組みをもつ評価によって、大学入試というものは行われるべきなのであろうか。M-1グランプリのデータを大学入試のデータに見立てて分析を行ったが、学力試験ではなく、「調査書、小論文、面接、実技検査、推薦文（自己推薦文を含む）など多様な手法」といったパフォーマンス評価を大学入試にもち込むということは、実はここで述べたような危険

性を孕んでいるということを十分に認識すべきである。

そもそも、テスト理論において信性とは、「任意の測定手段で試行を反復した場合、どの程度同じ結果を示すか」(カーイマン、ツェラー 1983：4) と定義される。今回のように、分散が採点者それぞれでばらばらであり、仮に採点者が入れ替わった場合、同じ最終決戦進出者が選ばれないような評価の仕方は、テストとして信頼性が低いということになる。つまり採点者（面接官）間の評価の一致度が高いほどつまり採点者（面接官）において受験生の優劣が揃うほど、誤差が小さくなる、ということで信頼性が高まる仕組みがテスト理論の根本的な考え方である。この意味では一対一対応で解答が定められているテストの場合、どの採点者が採点しても評価にぶれがないという意味でテストとしての信頼性が高く、客観式テストは誤差の少なさという意味において重んじられてきたのである（但し、設題内容に適切かどうか、そのテストの得点が他の基準と整合性があるかといった妥当性の議論はまた別にしなければならない）。

内的一貫性とは、テストの等質性を示すものであり、今回の文脈で言えば、ある採点者が高い評価をつけた漫才コンビについては、他の採点者も同じように高く評価を下している度合いであり、逆にある採点者に低い評価をつけられた漫才コンビが、他の採点者からも同じように低い評価を下されている度合いである。内的一貫性を表す指標としては、しばしば α 係数が用いられるが、その評価の一致度が高くなればなるほど α 係数は 1 に近づく数値であり、信頼性評価の一指標として用いられる。おおむね .8 以上あれば、α 係数の値は高いとされる。その α 係数の M-1 グランプリにおける変遷を表したのが図 2-3 である。全体的な傾向としてはかなり高い内的一貫性を示していると言えるが、2001 年の開始当初 2 年ほどはそれほど内的一貫性が高くなく、また 2007 年 2008 年の 2 年間は内的一貫性が低下傾向にある。標準偏差が大きかった開始当初の 2 年を見ると、内的一貫性が相対的に低かったことも理解できるが、近年は標準偏差の値も低くなっており、評価点のバラツキとは別の問題が起こっていることが窺える。

それを示したのが、一般化可能性理論によって導出した図 2-4 である。図

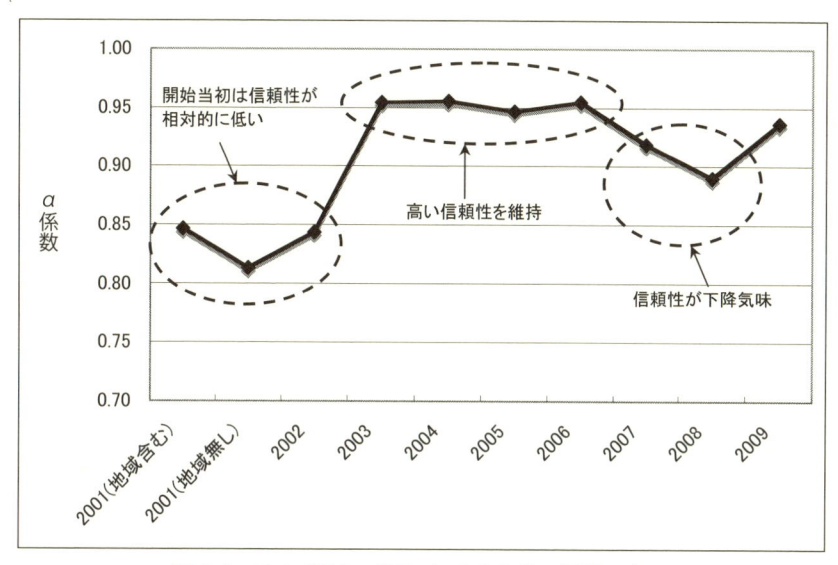

図 2-3 M-1 グランプリにおける内的一貫性の変遷

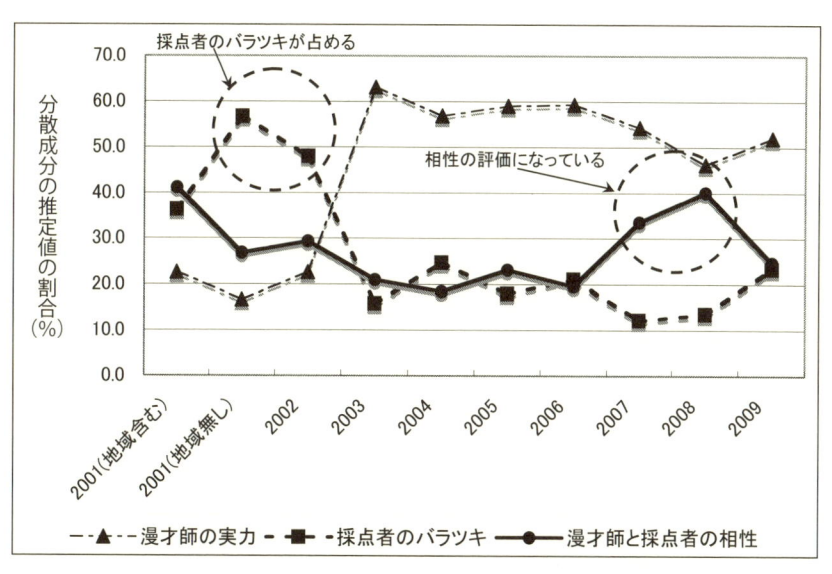

図 2-4 M-1 グランプリにおける誤差成分の変遷

4では、系統誤差要因（相（fact）と呼ばれる）ごとに誤差成分を特定し、バラツキの要因が明らかになっている。棒グラフの各線は、総得点に占める誤差要因を、漫才コンビの評価点のバラツキ、採点者の評価点のバラツキ、漫才コンビと採点者の組み合わせによるバラツキに分解したときの割合であり、それぞれ、漫才コンビの実力、採点者の甘い／辛い、漫才コンビと採点者の相性の割合を示している。これを見れば、2001年の開始当初は、採点者の甘い／辛いという採点のブレが評価点の5割、6割を占めており、漫才コンビの実力が適切に評価された結果とは言いがたい。その後、2003年からは漫才コンビの実力が評価点の6割程度を占め、ほぼ適切に評価がなされているといってもよい（このことはa係数の値が高いことからも言える）。だが、2007年、2008年を見れば、漫才コンビと採点者との相性による評価点のバラツキが徐々に大きくなってきており、先に素点と偏差値との比較で見たとおり、評価の信頼性は下がっていることがわかる。つまり、「調査書、小論文、面接、実技検査、推薦文（自己推薦文を含む）など多様な手法」であるパフォーマンス評価を大学入試に持ち込むということは、先にあげた採点者の寄与の不平等のみならず、結局のところ採点者と受験生の相性を評価する危険性が生じることも忘れてはならない。

　以上のように、テスト理論の考え方から見れば、「児童生徒の興味・関心等の側面を一層重視し、学習意欲の向上に役立つようにする」ために行われた、「新しい学力観」による大学入試改革で提示された方法が、どれも真の能力をきちんと測定しているやり方というよりは、結局のところ、誤差の集積で合否を決定する手段にしかなっていないことがわかる。このように「新しい学力観」による入学判定は、表向きの美辞麗句な言葉の裏側に、測定の精確さを放棄しなければならないといった二律背反的な側面があることを忘れてはならないであろう。今でも大学入試は、生徒たちにとって人生を左右する一世一代のイベントである。教員の評価も進学成績いかんで決定される向きもある。そのため調査書の記載事項に資する活動への傾倒や、徐々に形式だってきた小論文・面接・自己推薦文を含む受験指導が高校現場で横行している。もちろん中にはすばらしく個性的な生徒もいないわけではないが決

して多数ではない。むしろ年が経つにつれて、どんどん型にはまった生徒しか生み出さない制度としてしか、「新しい学力観」による大学入試は機能しなくなってきているのではないか、というのが現場での実感である。

3．結語──「新しい学力観」に基づいた大学入試改革の隘路

1　面接重視の制度的な限界

　最後に「総合的かつ多面的な評価」で謳われた、手間ひまを掛けた大学入試について言及してみたい。本節では特に「制度」としての面接重視の在り方を検討してみることにする。パフォーマンス評価の精度の不確かさは、前節までにM-1グランプリを例に出して言及してきたところである。例えば表2-4は、仮に、朝の10時からはじめて夜の6時近くまで、面接と面接の間の受験生の移動時間を5分、昼休憩を1時間、約2時間ごとに10分間の休憩をとって面接した場合のスケジュールである。それぞれ面接時間を15分、20分、30分、40分とった場合に、1日で何人面接ができるのかがわかる。15分だと21人、20分だと19人、30分だと12人、40分だと9人である。15分や20分という時間は、挨拶をして志望理由を一とおり聞いてしまえば、1つ2つの質問はできても、あっという間に終わってしまう時間である。先に示したように総合科学技術会議は、スーパーサイエンス・ハイスクール（SSH）やサイエンス・パートナーシップ・プロジェクト（SPP）などの理系人材養成政策での活動内容による選抜を挙げたが、少なくとも何か高校時代に行ってきた研究発表等をしてもらったりすると、学会発表では例えば20分発表、質疑10分という時間を想定してもらえば、30分だってあっという間に過ぎてしまうことが理解頂けるだろう。

　つまりそれほど人数がさばけない、ということである。地方国立大学である私の勤務校でも、一般入試（前期・後期）だけでも実際の志願者数は、4,000人ほどである。もし仮に皆が面接を課すとすると、教員が3人面接官として配置されたとして、4,000人を各面接時間あたりに1日でさばける人数の限界である21、19、12、9でそれぞれ割った数字に、面接官の人数3人

表4　仮想の面接時間割

人数	15分	人数	20分	人数	30分	人数	40分
1	10:00 〜 10:15	1	10:00 〜 10:20	1	10:00 〜 10:30	1	10:00 〜 10:40
2	10:20 〜 10:35	2	10:25 〜 10:45	2	10:35 〜 11:05	2	10:45 〜 11:25
3	10:40 〜 10:55	3	10:50 〜 11:10	3	11:10 〜 11:40	3	11:30 〜 12:10
4	11:00 〜 11:15	4	11:15 〜 11:35	4	11:45 〜 12:15		休憩（1時間）
5	11:20 〜 11:35	5	11:40 〜 12:00		休憩（1時間）	4	13:10 〜 13:50
6	11:40 〜 11:55		休憩（1時間）	5	13:15 〜 13:45	5	13:55 〜 14:35
	休憩（1時間）	6	14:00 〜 14:20	6	13:50 〜 14:20	6	14:40 〜 15:20
7	12:55 〜 13:10	7	14:25 〜 14:45	7	14:25 〜 14:55		休憩（10分）
8	13:15 〜 13:30	8	14:50 〜 13:15	8	15:00 〜 15:30	7	15:30 〜 16:10
9	13:35 〜 13:50	9	13:20 〜 13:40		休憩（10分）	8	16:15 〜 16:55
10	13:55 〜 14:10	10	13:45 〜 14:05	9	15:40 〜 16:10	9	17:00 〜 17:40
11	14:15 〜 14:40		休憩（10分）	10	16:15 〜 16:45		
12	14:45 〜 15:00	11	14:15 〜 14:35	11	16:50 〜 17:20		
	休憩（10分）	12	14:40 〜 15:00	12	17:25 〜 17:55		
13	15:10 〜 15:25	13	15:05 〜 15:25				
14	15:30 〜 15:45	14	15:30 〜 15:50				
15	15:50 〜 16:05	15	15:55 〜 16:15				
16	16;10 〜 16:25		休憩（10分）				
17	16:30 〜 16:45	16	16:25 〜 16:45				
18	16:50 〜 17:05	17	16:50 〜 17:10				
	休憩（10分）	18	17:15 〜 17:35				
19	17:15 〜 17:30	19	17:40 〜 18:00				
20	17:35 〜 17:50						
21	17:55 〜 18:10						

をかけると、それぞれ、571人、631人、999人、1,333人が必要となる。仮に面接官が5人だとすると、952人、1,052人、1,666人、2,222人である。面接を担当することが可能な（病院勤務等を除く）、勤務校の教員数はおよそ700人ほどである。つまり、面接官3人で20分の面接を行うことですら、大学教員が総出で行わなければならないということだという認識はとても大

事なことである。さらに、大学入試の場合、ほとんどが面接を1日で終わらせなければならないほど、合格発表までの裏方事務作業が詰まっていることを踏まえると、全日程でいちばん志願者が多い学部では、500人くらいなので、一面接室19人さばけるとすると、27部屋も面接室が必要とされることになる。

　前節で見たとおり、同じ漫才コンビの漫才を同時に見ても、あれだけ様々な誤差が入り込んでいたのに、違う受験生を前に同時に複数の面接が行われる状況では、さらに部屋ごとの評価基準がどれだけ打ち合わせをしていたとしてもずれてしまうことは否めない。評価の訓練を受けているならまだしも、ほとんどが評価の素人である。AO入試、推薦入試、社会人入試、帰国子女入試、センター試験、一般入試（前期・後期）に大学院入試まで、現在大学では、非常に多くの入試業務を抱えている。この合間に、個々の採点基準をつくり、評価基準の擦り合わせの訓練も含めた、厳密な意味での入試準備をすることはどだい無理な話と現場レベルの感覚としては言わざるをえない。

2　「納得」して受け入れられる結果か

　先にあげた面接を例に出せば、古くは「昭和35年度大学入学者選抜実施要項趣旨徹底協議会」において、「面接の結果を合否の判定に用いられるかどうかについては要項に示すとおり、その評価が主観的になる可能性があるので、合否の判定には用いないことを原則としている。推せん入学については制度としてはこれを認める段階にはいたっていないが、内申書を重視する一つの方法として、これに制限を加えることは考えていない」（大学学術局大学課1960：34）といった趣旨のことが全国6ブロックで開かれた協議会で話されるなど、もともと、「新しい学力観」に基づく大学入試改革案は戦前の入試改革も踏まえてみてみれば、何度も繰り返し登場しては消えていった改革案の一種にすぎないとも総括できる（例えば、木村・倉元2006a・b）。

　だが、これまでの入試改革とこの「新しい学力観」に基づいた大学入試改革が大きく異なる点は、それまでの大学入試が大前提としていた、テスト

における公平性概念の緩和を目的としたことであった。2000（平成12）年11月22日の大学審議会答申「大学入試の改善について」では次のように述べられている（大学審議会 2003：437-438）。

> 　学力検査による成績順位に基づき、上から順に選抜していく方法は、主観的要素が含まれず、だれが判定を行っても結果が同一であるという点、そして、<u>なぜある者が合格し、ある者が不合格であるかを明確に説明し得る</u>という点のみから見れば、現時点でこれ以上の方法は<u>存在しない</u>と言ってよい。これに対し、受験生の能力・適性等を総合的、多面的に評価し、更に受験時点での学力だけでなく大学入学後の能力の伸長の可能性ということまでも見据えて判定を行っていこうとすれば、例えば採点者を複数にし、その間の意見調整を行うなどにより、できる限り特定の採点者の主観によって判断が片寄ることのないよう工夫を行うことは必要であるが、それでもなお、ある程度主観的要素が入ることは避けられない。……今後の大学入学者選抜の改善を検討するに当たっては、<u>絶対的な公平性を追求しようとすることは、かえって様々な改善策の実現を困難にし</u>、入試業務の負担を重いものにしていくことを踏まえることも必要である。このため、受験生の能力・適性等の多面的な判定や、大学入試においてやり直しのきくシステムの構築を進める上でも、<u>絶対的な公平性ではなく、もう少し柔軟にこれをとらえ、合理的に許容される範囲の中での公平性という考え方に転換していくことが必要</u>であり、社会全体がこのような考え方を受け入れていくことが重要である。

　すでに見てきたように「受験生の能力・適性等を総合的、多面的に評価」することは、採点者の主観のみならず、あらゆる誤差要因が多く混入し「なぜある者が合格し、ある者が不合格であるかを明確に説明し得る」という観点から見れば、「なぜ、ある者が合格し、ある者が不合格なのか」を曖昧にしてしまうことを生み出している。現場での感覚で言えばこのことを高校の進路指導でも十分に承知しており、学力の高い受験層には推薦入試やAO

入試に出願させていない。十分に学力が高い生徒には精確に高校での学習成果が評価される一般入試で受験させ、それ以外の生徒には、真っ当に評価されるかわからない入試を受験させる傾向が見られる。それが「新しい学力観」に基づいた大学入試改革がもたらした受験行動である。調査書の評定平均値がある程度高いものであれば推薦入試に押し込み、それが足りない生徒には、一か八かでAO入試を受験させるという入試区分の階層がすでに存在しているのだ。ポイントは、高校生にとってそれまでの高校生活の努力の集大成を測られる大学入試において、努力をした結果が真っ当に評価されるか否かによって、大学入試の選抜をくぐりぬける価値が生じ、その結果に納得するという点である。誰が合格するのか曖昧で何が合格基準なのかがはっきりしない大学入試のために、高校時代に本気で努力をする価値が見出せないとすれば、それは入試制度の責任とも言えるのではないだろうか。こうしたことは、そうして高校時代を過ごした生徒が実際に社会を担う構成員の中心になったときに、努力を美徳としない、努力しても真っ当に評価されるかはわからないという考えをもつようになる。もっと言えば、中等教育の出口である大学入試で真っ当に評価されない、何故合格とされたのか不合格とされたのかが曖昧な大学入試があるということは、大学以下の教育において「努力すれば報われる」としてきた、従前まで行われてきた受験指導をまったく意味をなさなくしてしまうのである。本論の文脈で言えば、こうした考え方はテストに誤差が含まれるということを、少々過小評価していたことから生じたものと言えよう。

　最も大きな誤謬は、教室で教師が生徒個々人に向けるまなざしとしての評価方法と、例えばひと大学で多いところでは、何千人単位で志願者がいる大学入試における評価方法を同じ俎上に載せて、評価のあり方を同一のものにしなければならないという世間受けしやすい考え方にある。その結果著しく信頼性の低いテストを実施しなければならず、それまでの努力を真っ当に評価できず、少なくとも現時点でも、すでに入試区分の多様化が高校時代の学力に応じて階層化されている状況を鑑みれば、それが本当に「合理的に許容される範囲」か否かについて、再考の余地があるだろう。

注
1　テスト得点を X、真値を T、誤差を E としたとき、$X = T + E$ と表す。
2　テスト得点 X、真値 T、誤差 E の分散をそれぞれ、$\sigma_X^2, \sigma_T^2, \sigma_E^2$ としたとき、信頼性係数 $\rho(X)$ を、$\rho(X) = \sigma_T^2/\sigma_X^2 = \sigma_T^2/(\sigma_T^2 + \sigma_E^2)$ と定義する。
3　また、項目数を n、項目 j の得点 X_j の分散を σ_j^2、テスト得点 $X = \sum X_j$ の分散を σ_X^2 としたとき、内的一貫性の指標である α 係数は次式で表す。

$$\alpha = \frac{n}{n-1}\left(1 - \frac{1}{\sigma_X^2}\sum_{j=1}^{n}\sigma_j^2\right)$$

4　そもそも偏差値とは、平均50、標準偏差10となるように評価点を変換したものであり、採点者がつけた個々の漫才コンビ i に対してつけた得点を x_i、その平均を μ_x、採点者の得点の標準偏差を σ_x としたとき、次式のように表される。

$$T_i = (x_i - \mu_x) * 10/\sigma_x + 50$$

5　第 i 科目の得点を X_i、合計得点を $Y = \Sigma X_i$ とし、X_i の分散を V_i、X_i と Y との相関関係を r_i、Y の分散を V_Y、X_i と Y の共分散を S_{rxi} と表すとき、第 i 科目の重みを評価する指標として、共分散比 W_i は、次式のように表される。

$$W_i = S_{Y,X_i}/V_Y = r_i\sqrt{V_i}/\sqrt{V_Y}$$

文献

大学学務局大学課 1960,「昭和35年度大学入学者選抜実施要項趣旨徹底協議会」『大学資料』14号、33-35.

大学審議会 1993,「大学入試の改善に関する審議のまとめ」= 高等教育改革研究会編 2002,『大学審議会全28答申・報告集——大学審議会14年間の活動の軌跡と大学改革』、ぎょうせい、pp.399-417.

大学審議会 2000,「大学入試の改善について（答申）」= 高等教育改善研究会編 2002,『大学審議会全28答申・報告集——大学審議会14年間の活動の軌跡と大学改革』、ぎょうせい、pp.431-465.

池田央 2007,「一般化可能性理論」『統計データ科学事典』朝倉書店、pp.638-9.

カーマイン・E・G、ツェラー・R・A.（水野欽司・野嶋栄一郎訳）1983,『テストの信頼性と妥当性』朝倉書店. Carmine, E.G. & Zeller, 1979, R.A. Raliability and Varidity Assessment, Beveryy Hills, London, SAGE Publications.

木村拓也・倉元直樹 2006a:「戦後大学入学者選抜における原理原則の変遷——

『大学入学者選抜実施要項』「第1項 選抜方法」の変遷を中心に」国立大学入学者選抜連絡協議会編『大学入試研究ジャーナル』第16号、pp.187-195.

木村拓也・倉元直樹 2006b,「戦後大学入学者選抜制度の変遷と東北大学のAO入試」東北大学高等教育開発推進センター編『東北大学高等教育開発推進センター紀要』第1号、pp.15-27.

木村拓也 2007,「大学入学者選抜と『総合的かつ多面的な評価』――46答申で示された科学的根拠の再検討」日本教育社会学会編『教育社会学研究』第80号、pp.165-186.

木村拓也 2008,「格差を拡げる大学入試はどのように始まったのか？――日本におけるオープンアドミッション・システムの淵源」International Society for Education（国際教育学会）編『クオリティ・エデュケーション』1号、pp.91-113.

木村拓也 2009,「大学入学者選抜は『高大連携活動』をどこまで評価すべきか？――「評価尺度の多元化・複数化」が孕む大学入学者選抜制度の自己矛盾」International Society for Education（国際教育学会）編『クオリティ・エデュケーション』2号、pp.136-154.

木村拓也・吉村宰 2010,「AO入試の信頼性評価の研究――一般化可能性理論による検討」、全国大学入学者選抜研究連絡協議会編『大学入試研究ジャーナル』20号、PP.81-90.

教育課程審議会 1987,『幼稚園、小学校、中学校及び高等学校の教育課程の基準の改善について（答申）』pp.1-88.

教育課程審議会 1998,『幼稚園、小学校、中学校、高等学校、盲学校、聾学校及び養護学校の教育課程の基準の改善について（答申）』available to: http://www.mext.go.jp/b_menu/shingi/12/kyouiku/toushin/980703.htm［最終確認日2010年9月9日］

文部省 1993,『小学校 教育課程一般 指導資料 新しい学力観に立つ教育課程の創造と展開』東洋館出版社、pp.1-125.

文部省高等教育局長 2001,「平成14年度大学入学者選抜実施要項について（通知）」『大学資料』152号、30-65.

西村和雄 2009,「新学力観と観点別評価」International Society for Education（国際教育学会）編『クオリティ・エデュケーション』2号、pp.1-31.

竹内啓 1986,「入試科目の事後の重みの評価について」国立大学入学者選抜研究連絡協議会編『国立大学入学者選抜研究連絡協議会研究報告書』7号、pp.500-501.

臨時教育審議会 1985,「教育改革に関する第1次答申」=1988,『教育改革に関する答申――臨時教育審議会第1次～第4次（最終）答申』大蔵省印刷局、

pp.1-34.
臨時教育審議会 1987,「教育改革に関する第3次答申」=1988,『教育改革に関する答申——臨時教育審議会第1次～第4次（最終）答申』大蔵省印刷局、pp.161-264.
総合科学技術会議 2004,『科学技術関係人材の育成と活用について』、pp.1-39. available to: http://www8.cao.go.jp/cstp/output/iken040723_1.pdf［最終確認日 2010年9月9日］
中央教育審議会 1991,「新しい時代に対応する教育の諸制度の改革について（答申）」available to: http://www.mext.go.jp/b_menu/shingi/12/chuuou/toushin/910401.htm［最終確認日 2010年9月9日］
中央教育審議会 1997,「21世紀を展望した我が国の教育の在り方について（答申）」available to: http://www.mext.go.jp/b_menu/shingi/12/chuuou/toushin/970606.htm［最終確認日 2010年9月9日］
中央教育審議会 1999,「初等中等教育と高等教育との接続の改善について」available to: http://www.mext.go.jp/b_menu/shingi/12/chuuou/toushin/991201.htm［最終確認日 2010年9月9日］

第3章　ゆとり教育の置き土産－「絶対評価」

大森　不二雄

はじめに：成績評価に残ったゆとり教育

　多くの国民やマスメディアにとって、「ゆとり教育」はすでに過去の話題であろう。2002年度実施の小・中学校学習指導要領は、1998年に告示されて以降、学力低下論争の中で教育内容3割削減や授業時間2割削減等が論議を呼び、実施直前の2002年1月、文部科学省が「確かな学力」の向上のための「学びのすすめ」をアピールした。同省自身は路線転換を否定したものの、マスコミ等は事実上のゆとり教育の見直しと受け止めた。以降、2003年12月には、実施後間もない学習指導要領を一部改正し、同要領を超える内容を教えることを可能にするなどした。2007年度からは全国学力テスト（正式名称は「全国学力・学習状況調査」）も実施されるようになった。そして、2008年3月、国語や理数教育の授業時間・教育内容を増やす新学習指導要領が告示され、小学校2011年度・中学校2012年度の全面実施を待たずして、2009年度から理科と算数・数学の授業時間・教育内容の増加等を前倒し実施している。

　しかし、この間静かに導入され、その後も変更されなかった、ゆとり教育の置き土産とでも言うべきものがある。「絶対評価」と呼ばれる児童生徒の学習評価・成績評価の方法である。絶対評価の考え方自体新しいものではなかったし、以前から部分的に導入されていた。だが、通信簿等で中学校だと5段階評価（5～1）の成績として示される「評定」は基本的に「相対評価」であったため、一般国民や保護者等の注目を集めることはあまりなかった。

ところが、2002年度に当時の学習指導要領の実施に合わせて、評定も含め全面的に絶対評価へ移行し、2003年春以降、多くの都道府県の公立高校入試の内申書（正式には「調査書」）の点数（いわゆる「内申点」）が絶対評価となるに及んで、その影響は目に見えるものとなった。特に中学生や保護者の一部に不信を招くとともに、教員は新たな評価方法に頭を悩ませることとなった。その後、カリキュラム（教育課程）についてはゆとり教育路線の事実上の見直しが進んだにもかかわらず、ゆとり路線の教育理念に基づく絶対評価はそのまま続いてきた。教育内容・授業時間の削減のような注目を集めることもなく。

1．「絶対評価」による高校入試内申書の不条理

　各教科の評定が相対評価の時代、各中学校の生徒の成績分布は、「5」と「1」がそれぞれ7％、「4」と「2」が各24％、「3」は38％と、おおむね決められていた。要するに、相対評価は、校内の同学年の生徒集団における自分の成績の位置を示していたわけである。しかし、絶対評価においては、そうした成績分布の制約なしに、学習指導要領に示された目標に照らして各生徒の学習到達度を各学校・各教師が判断して成績をつけられるようになった。理論上は全員「オール5」もありうるわけである。

　また、ペーパーテストで測ることの困難な「関心・意欲・態度」、「思考・判断」、「技能・表現」の観点をこの順に重視し、テストで測りやすい「知識・理解」を最後の観点として位置づける「観点別評価」に基づき「評定」を行うこととされた。相対評価の時代に一般的であった定期テスト等のペーパーテスト中心の成績評価は好ましくないとされたのである。授業中の生徒の様子やノート・提出物等を評価資料として重視するようになった。そして、観点別評価は、絶対評価の不可欠の要素であるかのように扱われた（実は、この「観点別評価＝絶対評価」といわんばかりの日本の状況は特異なのだが、この点については第5節で後述する）。

　その結果、何が起こったか。ある新聞記事に載った言葉を借りれば、「こ

第3章　ゆとり教育の置き土産―「絶対評価」

んな内申書では入試の評価にはなりえない」[1]という不条理な事態を招いたのである。以下、その不条理の一端を紹介する。

1　断片的な報道から垣間見えた不公平な実態

　浮かび上がった事態の一面は、全体としては内申点が上昇し、成績のインフレが起こったことである。2008年時点の報道として、「『相対評価』から『絶対評価』に変わり7年目を迎えるが、成績のインフレ傾向が目立ち、生徒の9割に『5』をつけるケースも。……首都圏1都3県で教育委員会が公表している最近のデータなどを調べたところ、公立中学3年の9教科平均で「5」の割合は相対評価（上位7％）時代と比べ、千葉が3倍、東京と埼玉が2倍だった」[2]という。報道された中学校教諭のコメントのとおり、「自校の生徒に損をさせることを望む教師はいない」[3]のが普通であろうから、成績分布に制約を設けず各校・各教師の判断に委ねる絶対評価にすれば、当然予想しえた事態である。

　どの学校も同じように成績が上がったのであれば、まだましだったかもしれない。ところが、全体として内申書の成績の高騰が見られる一方で、どう見ても正当化の困難な学校間格差が存在する。神奈川県の場合、報道によれば、2004年春の高校入試では、「同じ教科で学年の60％以上の生徒に『5』をつけた中学がある一方で、わずか2％にとどまった中学もあるなど、学校間格差が明らかになった」[4]という。市町村別に見ても、「ある市町村では社会科は『5』『4』を七割近くの生徒に大判振る舞いする一方で、別の市町村では三割強にとどめている」[5]といった格差が生じ、受験生が「○○市の人たちはそんなに頭が良くて、○○市の人は皆バカですか。公平じゃない入試なんてワケわかりません」、「子どもでも絶対評価にして、そのままならどうなるか分かるのに、はっきり言って教育委員会は頭が悪い」[6]などと憤る事態となった。絶対評価である以上は、学校間・市町村間で格差が出るのは原理的にはありうるが、問題はその格差が学力（学習到達度）を反映したものかどうかということである。実情はそのように納得できるものではなかった。

こうした事態に対し、中学校から提出された調査書の成績を高校に「補正」させる県教育委員会も出てきた。例えば、熊本県教委は、2006年度入試から、学力検査の得点が低いのに調査書の評定が高い場合は後者を引き下げる、逆なら引き上げるという具合に、学力検査の得点に基づく補正を行っているという。また、千葉県では、2008年度の入試から、各中学校の評定の平均値が県教委の設定した「標準値」を超える場合はその中学校出身の受験生の評定を引き下げ、「標準値」を下回る場合は引き上げることにしたという[7]。熊本県の場合、学力検査とは独立した選抜資料として調査書を取り扱っていないことになり、千葉県の場合は、各学校の平均成績を同一にするという意味では、部分的に相対評価の考え方を復活している。いずれの補正も、絶対評価による内申書をそのまま選抜に使うことに信頼が置けないことを意味している。一方、それらの補正は、学校間格差を是正するためのかなり荒っぽい操作により、個人レベルで新たな不公平を生んでいる可能性もある。

　絶対評価による内申書に関し、評定インフレや学校間格差よりも重大で、最も深刻な問題は、生徒個々人レベルで見た公平さへの疑念であろう。「テスト成績はとてもよく、授業態度も折り紙付きだったのに『4』」、「先生のお気に入りは何があっても『5』。逆に目を付けられると100％『3』になる」[8]などの受験生の言葉に表れているように、生徒にわかりにくい不透明な評価基準への戸惑いと、教師による主観的な評価ではないかとの不信感である。こうした生徒個々人レベルでの公平さへの疑念は、「中間や期末テストで高得点を取れさえすればいいという考えは、もう通用しない」[9]と学習塾関係者が断言するように、観点別評価に基づく評定に変わったことによって、定期テストの得点と内申点のリンクが著しく弱まったことに由来する。ある進学塾は、学校の通知表で「5」と評定されている生徒について、模試の成績（偏差値）と比べる調査をしたところ、「英語の場合、『5』の生徒は約4,000人いたが、偏差値で見ると、上は73から下は31までばらばら。偏差値50を下回った『5』の生徒も13.5％いた。ほかの教科でも偏差値70台から20台まで分布」[10]という結果になったという。

　これは、ペーパーテストで測ることの困難な「関心・意欲・態度」等の観

点を重視する観点別評価のある意味では当然の帰結とも言える。しかし、上述のような実態にかんがみれば、観点別評価に基づく評定が示す「学力」とはいったいどのようなものなのか、という本質的な疑問が生じよう。観点別評価・絶対評価に関する数少ない教育社会学的研究を行った金子（2003）は、公立中学校におけるインタビュー調査に基づき、「現在の中学校では、宿題や提出物によって、生徒の『関心・意欲・態度』を判断するしかない現状がある。したがって、このような評価に現れる『関心・意欲・態度』は、『教科の魅力を堪能する』といった教科への関心・意欲・態度とは次元を異にしている。それでは、現在の中学校における『関心・意欲・態度』の評価は、生徒にいかなる能力を身につけさせているのか？　それは、単純に、『教科に対する勤勉さ』とも言い切れない。逆説的なことに、生徒たちが身につけているのは、教科学習とはかけ離れた、『社会の荒波に乗るための上手な世渡り』になる可能性もあるのである」（金子　2003：119-120）としている。観点別評価に基づく絶対評価への転換は、「生きる力」の育成を狙いとするものであっただけに、「上手な世渡り」の能力を身につけさせているという実態は、生徒にとって不透明な評価ルールの中で「生きる力＝世渡り」を競うゲームともいうべき、皮肉な帰結をもたらしていることになる。

2　低調な全国メディアや教育専門家の反応

前項で述べたように、信じ難いほど不公平な実態が浮かび上がっているにもかかわらず、これまでの新聞等マスコミの報道は、限定的で低調であったと言わざるをえない。前項から窺えるように、地方紙ないし全国紙の地方面を中心に、自県の状況を報じるものが中心であった。学力低下論争と教育内容の削減をめぐる報道と比べるべくもない関心の薄さである。原因の一つとしては、評価方法に関する技術的な説明を要するため、「分数ができない」、「3割削減」といったわかりやすさに欠けることが、報道の足枷になった面もあろう。しかし、学力低下論争以前には、長年にわたり、知育偏重批判等ゆとり教育的な考え方を後押しするような報道を続けたマスメディアにおいて、ペーパーテストによる受験学力の輪切りではなく子どもの長所を多面的

に評価するべきだ、といった教育問題の捉え方の根幹のところで、いわば「耳に心地よい教育論」が依然根強いことが現状告発をためらわせたと見ることもできよう。

また、全国の教育委員会や学校関係者の反応も、上述した混乱と不公平な実態にかんがみれば、理解に苦しむほど冷静で抑制的なものと言えるだろう。国の決めた評価改革について、その困難と問題点を認識しつつも、ともかく実行に移す、混乱に対しては保護者への説明責任のための評価データの収集や内申点の補正等の対策を取る、といった具合である。むろん絶対評価への転換は文部科学省が決めたことであり、教育委員会・学校にその責任を問うべきものではない。だが、実情・実態に照らして国に異議申し立てやフィードバックを行うことが不可能とは言えない。学校現場の教員・校長等の困惑や苦悩は断片的に伝えられるものの、それが教育委員会・校長会・教職員組合等によって組織化され、重要課題として提起されたとは聞かない。

さらに、教育学等の研究者による研究も限定的で、第4節で後述するように絶対評価に批判的な研究も見られないわけではないが、この問題をめぐる研究や専門家の論議が活発であったとは言いがたい。成績評価・内申書・入試というセンシティブな問題だけに、教育委員会・学校のガードが堅いという一因はあろうが、それにしても問題の重大性からすれば、学術研究としても、専門家による社会貢献としても、もっと多大な研究・論議の対象となってよいはずである。

こうして、マスコミや教育専門家等の低調な反応により、中学生やその保護者の間に見られた疑念・不信感や教員等の困惑・苦悩は、多くの国民に知られるところとはならなかった。

2. 遅れてやってきたゆとり教育路線の成績評価法

ここで、文部科学省の方針に従って全国の教育委員会・学校が行った絶対評価への転換、すなわち、評価改革の中身について、少し詳しく見てみよう。

1 ゆとり路線の学習指導要領に合わせた指導要録改訂（評価改革）

　この評価改革は、指導要録の改善等についての文部科学省初等中等教育長名の通知（平成13年4月27日付）（文部科学省　2001）という形をとって、全国の教育委員会等に周知徹底された。「指導要録」とは、「児童生徒の学籍並びに指導の過程及び結果の要約を記録し、その後の指導及び外部に対する証明等に役立たせるための原簿となるものである」（文部科学省　2001：2）。わかりやすく言えば、通知表（通信簿）や内申書（調査書）等の基になる公文書であり、生徒ごとに作成される。この通知は、指導要録の改訂の考え方や参考様式等を示すもので、実際の指導要録は、教育委員会の定める様式によって学校が作成する。教育課程の大綱的基準である「学習指導要領」の改訂が「カリキュラム改革」の基本となるのに対し、「指導要録」の改訂は「評価改革」の基本となる。そして、学習指導要領が改訂されるたびに指導要録も改訂され、教育・学習とその評価の考え方の一致が図られてきている。

　上述の指導要録改訂通知が出た2001年4月は、折しも学力低下論争の中で、学習指導要領の実施前からその是非が論議の対象となっていた時期であるが、ともかく指導要領にそった指導要録の改訂方針が明らかにされたわけである。そして、その後、教育課程（カリキュラム）についてゆとり教育の事実上の見直しが進んだにもかかわらず、学習の評価（成績評価）については見直されなかったのである。

　上述の通知は、「学力については、知識の量のみでとらえるのではなく、学習指導要領に示す基礎的・基本的な内容を確実に身に付けることはもとより、それにとどまることなく、自ら学び自ら考える力などの『生きる力』がはぐくまれているかどうかによってとらえる必要があります」（文部科学省　2001：1）とする。つまり、知識偏重ではなく「生きる力」の育成を図るゆとり教育の「学力」理念、すなわち、いわゆる「新しい学力観」あるいは「新学力観」を基本的考え方として謳っている。また、「各教科の評定について、学習指導要領に示す基礎的・基本的な内容の確実な習得を図るなどの観点から、学習指導要領に示す目標に照らしてその実現状況を評価することに改める」（文部科学省　2001：2）と、「目標に準拠した評価」とも呼ばれる「絶対評価」

への転換を指示した。そして、「指導要録の改善の趣旨を踏まえ、高等学校等の入学者選抜のための資料である調査書の記載内容及び取扱い等について検討を進めるようお願いします」(文部科学省 2001：2)という表現で、指導要録における評定と同様、内申書における評定も絶対評価とするよう指導した。

2　内申書をめぐる混乱の根源にある制度設計

通知は、指導要録に記載する「観点別学習状況」について、「中学校学習指導要領(平成10年文部省告示第176号)に示す各教科の目標に照らして、その実現状況を観点ごとに評価し、A、B、Cの記号により記入する。この場合、『十分満足できると判断されるもの』をA、『おおむね満足できると判断されるもの』をB、『努力を要すると判断されるもの』をCとする」(文部科学省 2001：「別紙第2」1)とし、観点別評価の方法を示している。

そして、評定の方法については、「必修教科の評定は、5段階で表し、5段階の表示は、5、4、3、2、1とする。その表示は、中学校学習指導要領に示す目標に照らして、『十分満足できると判断されるもののうち、特に高い程度のもの』を5、『十分満足できると判断されるもの』を4、『おおむね満足できると判断されるもの』を3、『努力を要すると判断されるもの』を2、『一層努力を要すると判断されるもの』を1とする」と述べている。そして、「評定に当たっては、評定は各教科の学習の状況を総括的に評価するものであり、『Ⅰ観点別学習状況』において掲げられた観点は、分析的な評価を行うものとして、各教科の評定を行う場合において基本的な要素となるものであることに十分留意することが望まれる」(文部科学省 2001：「別紙第2」2)とし、評定を観点別評価に基づくものとするよう求めている。

ところが、直後に続く文章では、「その際、観点別学習状況の評価を、どのように評定に総括するかの具体的な方法等については、各学校において工夫することが望まれる」(文部科学省 2001：「別紙第2」2)と、各学校に下駄を預けてしまい、評定の共通基準を示すことを回避している。5節で後述するように、絶対評価は共通のモノサシ(評価基準)があってこそ可能となる

評価方法である。この通知によれば、学校間に共通の評定基準はないことになるから、絶対評価による評定の通用性は各学校内に限られることになる。つまり、学校を超えた通用性を要する選抜目的（入試の内申書）には使えないことを意味する（にもかかわらず内申書に使っているから、問題が起こっているのである）。また、評定の基になる観点別評価についても、通知は、各教科の評価の観点及びその趣旨を各教科1ページずつで簡潔に記載している（文部科学省 2001：「別添2-1」）が、これを一読すれば、その抽象的な記述によって学校間の共通の評価基準が担保されるとはとうてい考えられないことは多言を要しない。以上のとおり、観点別評価に基づく評定がそもそもの制度的な構成原理において学校間の共通の評価基準を欠いていることが、第1節の第1項で述べた高校入試内申書をめぐる混乱と不公平の源泉である。

3　学力低下論争の渦中に進められた評価改革の検討

上述した通知の内容の基になったのは、2000年12月の教育課程審議会答申「児童生徒の学習と教育課程の実施状況の評価の在り方について」（教育課程審議会 2000a）であった。同答申は、「現行の学習指導要領の下においては、基礎・基本を重視し、自ら学ぶ意欲や思考力、判断力、表現力などの資質や能力の育成とともに、児童生徒のよさや進歩の状況などを積極的に評価し、児童生徒の可能性を伸ばすことを重視した『新しい学力観』に立つ評価が行われており、このことは各学校にも浸透してきている現状にあるが、従来どおりの知識の量のみを測るような評価が依然として行われている面も見られる」と当時の現状認識を示している。

この答申のいう当時の「現行の学習指導要領」とは、1989年に告示され1993年に完全実施された旧学習指導要領のことである。また、「新しい学力観」あるいは「新学力観」とは、実はこの1989年告示の学習指導要領に基づく1991年の指導要録の改訂通知の中に書かれた「新学習指導要領が目指す学力観」との表現に起源を発する用語である。しかし、1990年代、「新学力観」は、小学校はともかくとして、中学校には定着しなかったとみなされている。高校受験や内申書の現実が新学力観の理念を妨げた大きな要因であ

ったが、従来どおりの評価が可能であったのは、1991年の指導要録の改訂通知において、「評定」は従来どおり「相対評価」（正確には「絶対評価を加味した相対評価」との表現）とされたためである。1991年の改訂においてすでに、「関心・意欲・態度」、「思考・判断」、「技能・表現」、「知識・理解」という観点の順序が示され、「目標に準拠した評価」（絶対評価）による「観点別評価」を基本に据え、「集団に準拠した評価」（相対評価）による「評定」は観点別評価を補完するものと位置づけてはいた。理念上は、関心・意欲・態度が知識・理解よりも上位、絶対評価が相対評価よりも上位、とされたのである。しかし、中学校における受け止め方の実態は、「高校入試の調査書につながるのは、あくまで相対評価による『評定』のほうであった」ため、「『観点別学習状況』は、生徒評価の薬味のようなものにすぎないという認識が強かった」（金子　2003：110）。

　こうした中学校における成績評価の状況を一変させたのが、2001年の指導要録の改訂通知であった。2001年の改訂においては、「評定」をも絶対評価とすることを求めたからである。「調査書」（内申書）に言及していることも上述したとおりである。こうして、絶対評価による観点別評価が評定を左右することとなり、内申書まで貫徹することとなったのである。通知の基となった答申は、「新しい学習指導要領においては、自ら学び自ら考える力などの『生きる力』をはぐくむことを目指し、学習指導要領に示された基礎的・基本的な内容の確実な習得を図ることを重視していることから、学習指導要領に示す目標に照らしてその実現状況を見る評価（いわゆる絶対評価）を一層重視し、観点別学習状況の評価を基本として、児童生徒の学習の到達度を適切に評価していくことが重要となる」として、「生きる力」の育成を図る新学力観に基づき、絶対評価を一層重視する姿勢を鮮明にしている。その上で、「今回、指導要録についても、現行の指導要録の考え方を更に発展させ、評定についても目標に準拠した評価に改め、学習指導要領に示す目標が実現されたかどうかを客観的に評価していくことが適当である」（教育課程審議会　2000a）と、評定をも絶対評価（目標に準拠した評価）に改める方針を示した。

　その一方で、同答申は、評定を絶対評価に改めることにより、高校入試の

内申書に予想される事態や対応策を全く示していない。内申書について、答申は、「第2章　指導要録の取扱い」の章末「8　高等学校入学者選抜の調査書の取扱い」においてようやく触れている。そこでは、「今回、中学校の指導要録における各教科の評定を、現行の集団に準拠した評価から目標に準拠した評価に改めることとしたところである。これに伴い、調査書の取扱いが問題となるが、指導要録と調査書とは作成の目的や機能が異なるものであることから、調査書の各教科の評定を指導要録に合わせて目標に準拠した評価とするか、集団に準拠した評価とするかなど、具体的な取扱いについては、従来どおり、各都道府県教育委員会等の判断において適切に定めることが適当と考える」と、県教委等の判断次第との原則論を述べつつも、「指導要録の評価の考え方を踏まえ、各都道府県教育委員会等において、その在り方の検討を進める必要がある。今後、評価の客観性、信頼性を高める取組を一層進めることにより、調査書の評定を目標に準拠した評価とするための努力が行われることを期待したい」（教育課程審議会　2000a）として、内申書の絶対評価への転換を促している。答申を受けた指導要録改訂の通知が「指導要録の改善の趣旨を踏まえ、高等学校等の入学者選抜のための資料である調査書の記載内容及び取扱い等について検討を進めるようお願いします」（文部科学省　2001：2）と教育委員会などを指導したことは上述したとおりである。

　答申全体に顕著に見られる特色の一つは、「評価」という営為がもつ「選抜」機能の軽視もしくは無視である。答申の第1章第1節1は「評価の機能と役割」とのタイトルであるが、驚くべきことにその内容に内申書その他の評価の「選抜」機能に関する記述は全くない。まさか、選抜は教育という崇高な営みにとって忌むべきけがわらしい事柄であるから触れたくない、といった認識ではあるまいが、評価が選抜機能をもっている現実に真摯に向き合わないことは、かえって選抜における問題を大きくしてしまうことにつながりかねない。第1節の第1項で述べた事態は、まさにその証である。

　この答申に至る教育課程審議会の全17回の議事録（教育課程審議会 2000b）がウェブ上で公開されており、議事録を見る限り、高校入試の内申書または広く評価の選抜機能に関する議論がほとんど行われなかったことが

わかる。評定をも絶対評価とする方針が事実上固まった「中間まとめ（案）」を審議した第12回に至ってようやく、中間まとめ（案）に対する意見の形で、高校入試の調査書（内申書）の取扱いに関する発言があった。以下の2人の委員の発言である（教育課程審議会　2000b）。

「小学校では、新しい学力観、観点別学習状況の評価が学校現場における評価を大きく変えてきて、一定の役割を果たしてきているという現状認識があったかと思います。観点別学習状況の評価が学校に定着するべきであるということには、私も全く同感ですが、中学校においては、必ずしも浸透が十分ではないと認識している。その最大の原因は、調査書に5段階や10段階と各段階の配分の比率をあらかじめ定めて相対的な評価を記入していることにある。この結果、中学校における評価がなかなか望ましい方向に動いていかない。案には高等学校の調査書の在り方その他は、各都道府県に任せると記述されているのだが、調査書の在り方が問題だという認識を示しておく必要があるのではないか」。

「ただ今のご意見と趣旨は全く同じである。どうしても相対評価を残さざるを得ないという表現があるが、全国的かつ総合的な学力調査の結果を各学校で活用できるとすると、相対的な位置付けというのは、正確に把握できる。もしこれがきちんとできれば、相対評価は要らなくなるはずである。ただ、それが現実には難しいのであれば、どこかに、将来的にはこちらの方向に行くと書いてはどうか。結局、高校の調査書による相対評価が残っているために、相対評価が根強く現場で意識の中に残り、先生方の意識の中にも実態と離れた形で、絶対評価が持つ効果が上がってこないという面がどうしてもあるので、その辺のところを書き込んではどうか。実態上ではまだ無理だとしても少なくとも将来に向かってどう考えるかという方向性は書き込めないのか」。

少なくとも議事録上は、たったこれだけの議論で、全国の中学生や保護者そして教員等を悩ませた絶対評価による内申書の作成を促す方針が決まったのである。信じがたいと言うほかはない。内申書が相対評価のままでは、中学校に絶対評価が浸透しないという。その状況認識は的確である。しかし、

内申書を絶対評価にした場合、どういう事態を惹起するか。その事態への対応策は必要ないのか。多くの国民に多大な影響を与える重要政策の方向性を決めるにあたっては、慎重な検討が行われてしかるべきであったろう。

それ以前の審議において選抜や入試に関する発言を探しても、以下のとおり、第4回と第6回の審議中に単発的で間接的な言及があっただけである。

「最後に、評価というものに対する全体図を考えてみたいと思うのです。目的として、入学試験のような選抜の場合、それから指導のための評価ということ、管理運営の評価があろうかと思いますが、この3つの目的別に、いずれにおいても、今私が提案しましたメジャーメントに基づく評価とカテゴライゼーションに基づく評価を二重構造として考えてほしい。そして、今日の評価や学力についての混乱を収拾するために、大変思い切った考え方で、測定に基づく評価というのは、基礎的学力に限る。それ以上の知識・技能については点数化しない。これが今、受験競争との関係で、点数主義の競争を強いている原因ではないかと思いますから、ベーシックな学力について、そういう測定に基づく評価をきちっとやる。これは選抜の場合でいえば、資格試験的な意味づけをしていくことになります。大学入試でも、高校入試でも、一定の基礎学力を持つ者以外は入学できないという資格試験として実施する。それ以上の選抜は、むしろ、カテゴライゼーションに基づく評価によって、個性的な能力・資質を発見する。そのためには、入学定員を幾つかに分割して、多様な選抜基準を採用する」。（第4回）

「学習のプロダクトだけではなくて、プロセスとか原因というものにまで評価を広げなくてはいけないというのは、教育の場では特に大事なことだと思うのです。ただ、そのことを指導要録とか管理運営とか、選抜の場で利用するのは、ちょっと危険だろう。指導の中に限定したい」。（第4回）

「今では、例えば、『評定』に対しての関心の強さというのは、相対評価に対する関心ということですが、途中で絶対評価的にやっていても、最後に入試という強烈な相対評価が待っているということで、入試に直面している中学校では、どうしてもそういう相対評価を無視できないわけです。それから、保護者の方も、こういう情報が欲しいという要望があります。だから、ＰＴ

Aの親の方の情報に対する期待についてヒアリングした方がいいような気がします。中学校の場合ですと、やはり入試に絡んで、直接影響のある『評定』に非常に関心が高くて、絶対評価だけでやったら、そういう情報をなぜ流してくれないか、入試に絡んで自分なりに考える材料がないではないかというような言い方をされているわけです。相対評価については、そういう社会的要請、外部からの要請の面もあります」。(第6回)

　いずれも議論らしい議論には発展していない。にもかかわらず、内申書の評定を含め相対評価から絶対評価へ転換する方針が決まった背景には、いわゆるゆとり教育をさらに推し進める学習指導要領の 2002 年全面実施を控え、この指導要領と理念を一にする指導要録にすることが目的であり、新学力観に基づく絶対評価の重視が既定路線であったことがある。1999 年 12 月に行われた文部大臣による「諮問」(文部科学省　1999)を見れば、それは明らかである。諮問の理由の冒頭には、「『生きる力』の育成を基本的なねらいとする新学習指導要領の趣旨の実現を図るためには、児童生徒の学習の評価においても、児童生徒一人一人が基礎的・基本的な内容を確実に身に付け、自ら学び、自ら考え、主体的に判断し、行動し、よりよく問題を解決する力などの『生きる力』を身に付けているかどうかを適切に評価することが大切である」とある。

　その後の 1 年間の審議期間は、折しも『分数ができない大学生』(岡部・戸瀬・西村(編)　1999)の出版等を契機として始まった学力低下論争が熱を帯びていた時期と重なり、論争が審議会における委員の発言にも影を落としていた。学力低下論に対する反発を示す発言もあれば、一定の理解を示す発言もあった。全体としては、2002 年全面実施の決まっていた学習指導要領とそれにそって改訂される指導要録が目指す「生きる力の育成」という教育理念が一部で誤解されているので、正しく理解されるようにすべきだ、という啓蒙的姿勢であったと言えよう。

3. マスコミや専門家に支持された絶対評価

基盤となるゆとり教育路線の持続可能性に揺らぎが見える中で、こうして船出した評価改革、内申書の評定にまで及んだ観点別の絶対評価の貫徹は、マスメディアや教育専門家にどう受け止められたのか。

1 マスメディアに歓迎された耳に心地よい教育論

馬場（1995：15-16）によれば、1991年の指導要録改訂の頃の新聞各紙は、相対評価から絶対評価への転換等を画期的だとして報道するものであったという。そして、歴史は繰り返す。2000年の教育課程審議会の答申（12月）前に出された「中間まとめ」（10月）に対して、田中（2002：iii）によれば、「通知表革命に賛成だ」（朝日）、「絶対評価、意義あるものに」（毎日）、「絶対評価に頭を切り替えよう」（読売）、「教師も力量高める努力を」（産経）といったタイトルの社説が各紙に掲載されたという。少なくともタイトルだけ見る限り、手放しとも言える賛辞のオンパレードである。学力低下論争の中でゆとり教育への疑問が勢いを増していた当時にあっても、こと評価の問題については、ペーパーテストだけではなく幅広い観点から子どものよさを評価すべきだという、耳に心地よい教育論の威力は健在であったと言えよう。

2 専門家の大勢も絶対評価に好意的

「ようやくにして指導要録から『相対評価』がなくなり、『目標に準拠した評価（いわゆる絶対評価）』と『個人内評価』の二本柱を教育評価観の基本に据えるという方針には、やや大仰な表現となるが、ある種の感慨を禁じ得ない」（田中　2002：iii）との言葉に表されるように、この問題に関心をもつ研究者の反応も多くは肯定的であった。

教育学・心理学等の研究者の間では、後述するように、新学力観に基づく観点別評価に批判的な研究も見られないわけではなかった。これらの限定的な研究成果だけでも、観点別評価の問題点を露わにしており、2001年の指導要録の改訂通知による評価改革を思いとどまらせるには十分であったと考

えられる。しかし、「関心を持っている研究者の大半は極めて好意的に捉えている」(藤岡　1996：15) という、多勢に無勢の状況にあった。

3　祝福の「空気」の中で実施された評価改革の帰結

　絶対評価を歓迎する報道、専門家の多数派の支持、加えて「新しい学力観」準拠を謳い文句とする教師向け書籍の洪水の中で、少数派の批判や問題提起は、政策の推移や学校現場に大きな影響を与えることはなかった。

　マスコミと専門家に支持された文部科学省の評価改革は、祝福に満ちたスタートを切ったと言えよう。しかし、その結果もたらされたものは、第1節の第1項で述べた内申書をめぐる不条理、どう見ても正当化の困難な不公平の実態であった。「教育政策としての思想は、一個人の教育学者の主張と異なり、その実効性に対し、相応の責任をもたざるをえない」との小川 (1996：1) の指摘は的を射ている。だが、政府、マスコミ、専門家によってこぞって支持された評価改革は、山本 (1983) が喝破した「空気」に支配されがちな日本社会の意思決定の定石どおり、粛々と行われてしまったのである。

　その後、絶対評価と一体不可分であったゆとり教育をめぐる「空気」が学力低下論争を経て変わった後も、これら三者から評価の見直しが提起されることはなかった。疑問を抱いた中学生や保護者の声なき声は聞き届けられないまま、何事もなかったかのように観点別評価による絶対評価の内申書が続いたのである。

　その一つの帰結として生じた変化は、高校入試における学力試験の比重を高め、内申書の比重を下げる傾向が多くの県教委・高校にみられたことである。選抜にふさわしくない内申書であれば、抜本的に改めるか廃止するかしかないはずであるが、比重を下げるという、妥当性の疑わしい現実主義的対応が取られたわけである。問題の本質と構造を論理的に捉えた上で根本から解決しようとするシステム的・戦略的思考ではなく、小手先の工夫で対処しようとする場当たり的思考の表れとも言えよう。トップにまともな戦略がないので、現場の工夫でしのごうという、日本社会にありがちな情景である。

4．観点別評価の批判的研究：顧慮されなかった少数派の知見

ここで、新学力観に基づく観点別評価に批判的な一部の教育学者・心理学者等による研究、結果としては現実の政策に反映されることのなかった、いわば少数派の専門家による知見について紹介しておきたい。

1　情意面（関心・意欲・態度）の評価への批判

教育心理学とりわけ教育評価論の視点から新学力観を分析した藤岡（1996）は、「思考力、判断力、表現力の重視と育成自体は大切なことであるが、このことが提起された背景には、『関心・意欲・態度』という内面の情意的領域の重視および、『知識・理解』といった認知的領域の軽視の考え方と結び付いており、それが問題である」とし、「思考力、判断力、表現力の育成のためには、詰め込みではない真の『知識・理解』が必要であることは自明である」（p.16）と述べる。「思考力、判断力、表現力」という高次の認知的領域を「関心・意欲・態度」という情意的領域から切り離す妥当な認識と言えよう。

こうした認識の下、情意的領域を成績評価の対象とすることに関し、藤岡（1996）は以下のとおり疑問を呈する。新学力観が唱える「指導と評価の一体化」の学校現場での実態について、「学校現場では、指導そっちのけで評価に専念している光景をよく目にする。チェックリストや座席表を片手に、机間巡視に追われている。より精度の高いチェックリストの開発に精力を注ぎ、授業終了後はチェックリストの集計に追われている。そこには、形成的評価により、子どもの学習達成度を調べようとする視点はなく、当該授業の成否を点検しようとする視点も乏しい。評価―それも『関心・意欲』などの内面的評価―の一人歩きがみられる」（pp.17-18）と描写する。そして、「関心・意欲・態度」については、指導要録や通知表に記載したり、高校入試の調査書で選抜に用いたりするのではなく、教師が自分の授業の成否を問うための形成的評価にとどめるべきであるとする（pp.18-19）。

調査書（内申書）について、藤岡（1996）は、観点別評価、特に「関心・意欲・

態度」の評価は、「評定者間でかなり差がみられ、公平な評価にはなりにくい」(p.23) という。観点別評価の記載とともに、特別活動やボランティア活動の得点化等にも言及し、そこに「人格的な評価も含む学力以外の多面的な視点から選抜しようとする考え方」を見出す。また、新学力観を反映した入試問題については、「思考力・判断力」に重点を置いた出題は良問が多いと評価するが、「関心・意欲・態度」をみようとする問題は無理があるように感じられるとし、「情意的領域をペーパーテストで測定することには限界があり、入試問題での『関心・意欲・態度』領域の出題は、やはり慎重でありたい」(p.25) と述べている。選抜における高次の認知的領域の評価に肯定的である一方、情意的領域の評価に否定的な見方は一貫していると言えよう。

馬場 (1995) は、1991 年の指導要録の改訂において、観点別評価の中でも最重視した「関心・意欲・態度」について、教師が授業を振り返る材料としてではなく、子どもの学力として、すなわち「成績評価」として使うことに「信頼性、妥当性上の問題」があるとする。1971 年の指導要録改訂時に「関心・意欲・態度」の項目はなくされたが、その理由は、従来からの実施上の経験から評価が難しいということにあったという。それが「なぜそのまま出てくるのか」と指摘する (p.16)。また、関心・意欲・態度を前面に出す一方で、「知識や理解という項目を相対的に後退させ」(p.16)、「これまでの知識や理解に関する教育のあり方がまちがっていたという言い方」(p.17) や、「知識を身につけさせる、教えるということに対する否定的で清算的な表現」(p.18) が盛んに用いられたことを指摘する。

当時の政策言説については、「学力観、子ども観、知識観、授業観、そして教師観を 180 度転回せよと文部省が本気で言いだした。知識から情意へ、画一から個性へ、座学から活動へ、書物から体験へ、学問から生活へ、客観性から多面性へ、教授から支援へ」(奈須 1994) という描写が簡にして要を得ている。そうした中で、「『新学力観』と名付ければ、学校現場では万能である (管理職に受けがいい) との状況」(藤岡 1995：54) があったという。大津 (1994) は、関心・意欲・態度の評価の問題だけではなく、新学力観は、子どもたちに共通に身につけさせるべき知識・技能を否定し、教師は子ども

の「よさ」を認めるといった学力保障の立場の放棄、教師に指導を控えさせる「支援」概念、指導の改善に結びつく評価よりも子どもの評価の重視など、多くの問題をもっていると指摘する。

「新学力観のように『個性尊重』の名のもとに基礎学力を保障する責任を放棄することは、今日の子どもたちの人格発達の危機をさらに深刻化させていくものでしかない」という楠（1995：12）の指摘は、知識・技能等の認知面よりも関心・意欲・態度という情意面を重視して全人教育を志向する「新学力観」にとって皮肉な予言とも言えよう。これは、金子（2003）が明らかにした学校現場のその後の実態、すなわち、教科の学力を身につけようとするよりも、教師に関心・意欲・態度を見せることにより、手早く成績を上げようとする「世渡り」ゲーム的な状況の出現を想起させるものである。予言は当たったのかもしれない。松下（1996：6）のいう「選抜の日常化・全面化」、「学校の求める人格基準への忠誠競争」を招来したと言えよう。また、「指導」ではなく「支援」という教師の仕事の位置づけは、「教室における権力関係を可能な限り排除しようとするものであったが、結果的には、現実に存在する権力関係を隠蔽するものでしかなかった」と、松下（1996：10）は指摘する。これは、英国の教育社会学者バジル・バーンステインの「見える教育方法」（visible pedagogy）と「見えない教育方法」（invisible pedagogy）の理論において、前者に比べ後者（新学力観にほぼ相当する概念）は、教師と子どもの縦の社会的統制のルールとカリキュラムの系統性や成績評価法などの基準面のルールを見えにくくする（隠微にする）とされた（Bernstein 1990）こととと整合的である。

2 学力を観点別に分解して評価する科学的妥当性への疑問

上述した藤岡（1996）の教育心理学的な視点は、学力を観点別に分解して評価することを疑問視するものでもある。「思考力、判断力、表現力の育成のためには、詰め込みではない真の『知識・理解』が必要であることは自明である」（p.16）、「『関心・意欲』は、『知識・理解』と切り離して捉えることはできない」（p.29）と述べているとおりである。

竹田（2000）は、文部省による学力調査の結果である「教育課程の実施状況に関する総合的調査研究の調査結果」（1997年9月）の設問について、学校現場の教師たちに観点別に分類してもらったところ、その分類結果は、文部省による分類とは相当異なり、かつ教師間の相違もかなり大きいことがわかったという。また、ほとんどの設問について、文部省が評価の観点を複数示していることにも言及しながら、観点の曖昧さを指摘する。さらに、文部省の調査に類する学力調査を行った結果、観点別得点の間の相関を部分的に実証できたとする。自らの調査結果を踏まえ、「観点別評価を行うために、現場の教師は非常に多忙になっている。意味のある行動のためならば多忙も当然であるが、あまり意味のない行動で多忙になるのは無意味である」、「観点別評価は『評定』で十分である。すなわち四つの観点は相互に重複しており、密接に関連しているので、観点に分けずに評価しても同じことである」（竹田　2000：8）と提言する。

5．日本の「絶対評価＝観点別評価」の特異性

これまで、「絶対評価」と「観点別評価」について、相互の関係を明確化せずに論じてきた。日本の教育制度において絶対評価が観点別評価と一体のものとして実施され、それが特に疑問に思われていない現実にそって、理屈っぽい議論を避けてきたからである。だが、果たして「絶対評価＝観点別評価」なのか。

1　絶対評価／相対評価とは

教育評価の専門家による絶対評価と相対評価の定義を見てみよう。橋本（原著）（2003：44-45）によれば、絶対評価は、「一定の教育目標や内容がどの程度達成されたかを示す尺度上に、一人一人の生徒を位置させて解釈し、目標を実現しているかどうか、その目標の到達度はどの程度であるかを明らかにする方法である」のに対し、相対評価は、「その学級・学年の生徒の得点の分布状況を参考に、普通（平均なみ）であるか、それより上かあるいは

下かの位置によって3～5段階等でおおまかに解釈される。……ふつう、その各段階に評定する生徒のおよその人数をあらかじめ決めてある」。正規分布曲線の分布比率に準拠し、「5」と「1」は7％。「4」と「2」は24％。「3」は38％と定められる。また、梶田（2002：115-116）は、「相対評価とは、集団内の人々を評価基準とした評価であり、結局は優劣の評価であるのに対し、絶対評価とは、何らかの目標や基準を評価基準とした評価であり、結局は目標到達度あるいは基準満足度の評価である」とする。

　学術的には、絶対評価は「目標に準拠した評価」あるいは「目標準拠評価」、相対評価は「集団に準拠した評価」あるいは「集団準拠評価」と呼ばれる。その理由は以上から明らかであろう。天野（2001：68-69）によると、「子どもの学習状況や成長・発達の状態を的確に評価するためには何らかの基準が必要である。子どもの学習状況や発達の程度を観察する時の『ものさし』が評価基準である。基準を何に求めるかによって目標準拠評価 (criterion-referenced evaluation) と集団準拠評価（norm-referenced evaluation）に分けられる。前者は、指導や学習に先立って立てられた目標が評価の基準となる場合であり、目標への到達度によって評価される。後者は、ある一定の集団内の相対的位置関係によって個人を評価する場合である」。

2　絶対評価と観点別評価の混同

　以上の3人の専門家の定義は一致しており、いずれを見ても、絶対評価は「関心・意欲・態度」、「思考・判断」、「技能・表現」、「知識・理解」という観点別に評価するなどとはどこにも書いてない。たとえ他の専門家に尋ねても同じことである。絶対評価という概念の本来の意味からすれば、授業態度や提出物などを考慮せずにテストだけで成績をつけても、絶対評価は可能である。つまり、関心・意欲・態度を顧慮せず、知識・理解等だけの評価であっても、目標到達度によって評価すれば、絶対評価となる。逆に、関心・意欲・態度を重視した観点別評価であっても、集団内の相対的位置によって評価すれば、相対評価となる。

　すなわち、日本の教育制度の現実を離れ、教育評価の理論だけで論じると、

次のような逆説がいずれも真なのである。

・ペーパーテスト重視の絶対評価は可能である
・関心・意欲・態度を重視する観点別の相対評価は可能である

　日本の相対評価から絶対評価への転換とは、現実には、集団準拠評価 vs. 目標準拠評価、テスト重視の評価 vs. 観点別評価、という2つの異なる軸における転換が重なり合わされたものであったことがわかる。集団準拠か目標準拠かという評価の方法と、知識・理解中心か関心・意欲・態度等の重視かという評価の対象領域、これら2つの次元で同時に転換が行われたのである。この2軸（次元）の区別について、教育関係者やマスメディア等がどれだけ自覚的であっただろうか。その無自覚が混乱を助長した面もある。内申点のインフレや学校間格差は、成績分布に制約を設けない絶対評価がもたらした問題である。他方、教師による主観的な評価ではないかとの不信感や上手な世渡りを競う生徒の反応は、観点別評価のもたらした弊害である。管見の限りでは、こうした論点整理は見当たらなかった。

3　英・米の統一テストは絶対評価

　ペーパーテスト重視の絶対評価は可能であるどころか、本来の絶対評価はテストと相性がよいとも言える。共通のものさしがあってこそ絶対評価は成立可能であること、そして、客観テスト以外に信頼性の高い共通のものさしがない現実からすれば、当然のことである。テスト理論の専門家である池田（1992：147）は、「内容的にも教科の具体的なカリキュラムおよび到達目標と対応がつき、形式的にも一定の統計的性質を帯びるように、設計図をきちんと定め、それと対応した基準となるべき標準問題を作ることが、絶対評価のための前提条件」であり、「コンピュータを利用した最新のテスト理論（項目応答理論）を応用すれば、それもあながち不可能なことでは」ないとし、標準化された客観テストが絶対評価の前提条件となることを示唆している。

　現に、英国の全国共通テストや米国の多くの州の州内共通テストは、いずれも絶対評価（目標準拠評価）である（例えば、英国については Sizmur & Sainsbury 1997、米国については McGehee & Griffith 2001 を参照）。英国は中

央政府の定めたナショナル・カリキュラム、米国の場合は各州政府の設定したスタンダードに準拠している。ナショナル・カリキュラム、州のスタンダード、いずれも到達目標を記述した教育課程の基準である。カリキュラムの標準化は、日本の学習指導要領を範としたとも言えるが、日本の指導要領の中身が（教科の目標・内容からなる形にはなっているが）基本的に教育内容の基準であるのに対し、英国のナショナル・カリキュラムや米国の多くの州のスタンダードは到達目標の基準という性格が濃厚であり、その到達目標基準は評価基準として統一テストの基となっている。共通のものさしあっての絶対評価なのである。一方、日本の指導要領は、そのままでは評価基準（共通のものさし）たりえない。

4　共通の評価尺度がないのに「絶対評価」と呼べるのか

　第2節の第2項で述べたとおり、文部科学省通知が示した観点別評価に基づく絶対評価の制度は、選抜目的の使用に耐える信頼性の高い評価を可能にする評価基準を組み込んでいないものであった。また、その基になった教育課程審議会答申も、そうした評価基準を示してはいない。ただし、同答申は、「学習指導要領に示す目標に照らして、児童生徒の学習の到達度を客観的に評価するための評価規準、評価方法等を、関係機関において研究開発し、各学校における評価規準の作成に活用できるようにし、各学校における目標に準拠した評価の客観性、信頼性を高めるようにすることが必要である」（教育課程審議会　2000a）と提言し、これに基づき、国立教育政策研究所が2002年2月に「評価規準の作成、評価方法の工夫改善のための参考資料」（国立教育政策研究所　2002）を学校・教育委員会等に提供した。しかしながら、そこで「評価規準の具体例」として示されているのは、中学校の社会の歴史的分野で一つ例を挙げれば、「身近な地域の歴史に対する関心を高め、意欲的に調べようとしている」（関心・意欲・態度）、「身近な地域の具体的な事柄とかかわらせて、我が国の歴史を理解している」（知識・理解）といった抽象的記述であり、こうした評価規準の例示によって学校間・教師間で成績評価に差が出なくなるとすれば奇跡である。そして、第1節の第1項で述べたよう

に、奇跡は起きなかったのである。

　英・米では、統一テストという共通のものさしがあっての絶対評価である。他方、日本の場合、国によって提供されたのは抽象度の高い参考資料のみであり、評価基準は各学校任せ（あるいは教師ごと）という仕組みである。第5節の第1項で述べた絶対評価の定義からすれば、共通のものさし（評価尺度）なくして絶対評価と呼べるのかという疑問すら生じる。ましてや、橋本（原著）（2003：36）が絶対評価の欠点に関して指摘するように、「基礎的知識、技能についての絶対評価ならばまだよいのであるが、高次の発展的目標や情意的目標について客観的評価基準を立てることが困難なのである」から、なおさらである。ここでいう「高次の発展的目標」は「思考・判断」、「情意的目標」は「関心・意欲・態度」に近い概念であり、これらの絶対評価が特に難しいとされていることは、日本の政策がいかに困難なことを学校現場に求めたかを示している。

　以上のとおり、英・米と日本では、同じ絶対評価（目標準拠評価）といいながら、正反対の様相を呈している。読み書きや理数教育を中核とする学力水準の向上を目指す英・米では、学校等の教育成果に対する責任（アカウンタビリティー）を問うための評価尺度の一元化の手段として、絶対評価による共通テストを利用してきている。これに対し、知識偏重の狭い学力にこだわらず、ゆとりの中で全人的な生きる力を育成することを目指していた日本では、むしろ評価尺度の多元化（テスト重視の一元的評価からの転換）の手段として観点別の絶対評価が用いられたからである。

6．評価はどう変わるか

1　再び指導要領の改訂へ

　国語や理数教育の授業時間・教育内容を増やす新学習指導要領（2008年3月告示）が小学校は2011年度、中学校は2012年度に全面実施される。量的にはゆとり路線からの転換とみなすことができる。しかし、新学習指導要領の総則にも「生きる力をはぐくむ」と謳うように、文部科学省は、基本理念

は変わらないとしている。一方で、同総則は、2007年に改正された学校教育法の規定を踏襲し、「基礎的・基本的な知識及び技能を確実に習得させ、これらを活用して課題を解決するために必要な思考力、判断力、表現力その他の能力をはぐくむとともに、主体的に学習に取り組む態度を養い」と、現行の観点別評価の観点の順序とは逆に、知識から始まり態度で終わる順で学力の要素を示している。

新しい学習指導要領の実施に合わせて、指導要録を改訂するため、中央教育審議会初等中等教育分科会教育課程部会（旧教育課程審議会の審議事項を引き継いだ部会）において、「児童生徒の学習評価の在り方に関するワーキンググループ」が設けられ、2009年6月から2010年3月にかけて13回に及ぶ同ワーキンググループの審議及び教育課程部会による承認を経て、2010年3月24日、教育課程部会報告「児童生徒の学習評価の在り方について（報告）」（中央教育審議会 2010）が取りまとめられた。そして、同報告を受けて、2010年5月11日付で、指導要録の改善等についての文部科学省初等中等教育局長名の通知（文部科学省 2010）が全国の教育委員会等に発出された。

2　維持されたゆとり路線の評価理念

教育課程の見直しに伴い、評価の在り方がどう見直されるのか、注目されたが、同通知は、「学習指導要領に示す目標に照らしてその実現状況を評価する、目標に準拠した評価を引き続き着実に実施すること」とし、絶対評価を維持することを明確にしている。さらに、観点別評価についても、「関心・意欲・態度」、「思考・判断・表現」、「技能」、「知識・理解」に整理し、「関心・意欲・態度」を筆頭として「知識・理解」を末尾にもってくる現行の順序を踏襲している。指導要録についても、基本理念は変わっていないとの立場を維持し、路線転換を否定したことは、学習指導要領と歩調を合わせたものとして、想定されるとおりである。ところが、改正学校教育法や新学習指導要領に示された学力の要素の順番と異なり、従前どおりとしたことは、驚くべきことである。通知に添付された上述の教育課程部会報告（中央教育審議会 2010）によると、「現在の我が国の子どもたちの現状として、主体的に

学習に取り組む態度や思考力・判断力・表現力等に依然として課題があることも考慮し、これらの学力の要素に関する学習指導と学習評価の重要性を引き続き喚起していくため」、このような順で観点を示したという。これら観点別評価の観点と改正学校教育法や新学習指導要領に示された学力の要素との関係については、「各教科の観点を、基礎的・基本的な知識・技能（「知識・理解」及び「技能」）、思考力・判断力・表現力等（「思考・判断・表現」）及び主体的に学習に取り組む態度（「関心・意欲・態度」）に対応させ整理することが適当である」と対応関係を示してはいるが、評価の観点（学力の要素）の順序は反対となっている。

　審議の途中段階である2009年12月21日に開催された第11回の同ワーキンググループの配付資料として示された「審議のまとめの方向性について（案）」（中央教育審議会　2009）においては、改正学校教育法や新学習指導要領に示された学力の要素に合わせて、観点を整理し直すとともに、順序を変え、「基礎的・基本的な知識・技能に関する観点」、「思考・判断し、表現する能力に関する観点」、「主体的に学習に取り組む態度に関する観点」としていた。その際、路線転換と受け取られないよう、「評価の観点の順序が優位性を示すものではなく、各観点に関する学力をバランスよく育成すべきものであることに留意することが必要である」との説明が付されていた。ところが、これに対し、複数の委員から、従前どおり「関心・意欲・態度」を筆頭とする順序に戻すべき、学校教育法30条2項の示す学力の順序に縛られる必要はない、との趣旨の発言が相次いだため、次の第12回ワーキンググループ（2010年1月25日）においては、元どおりの順序に戻された案が資料として配付されたのである。大袈裟に聞こえるかもしれないが、国民を代表する国会の制定した法律の理念が、国民に選ばれたわけでもない一部専門家の声によって覆ったとも言えよう。

3　弊害への対応は示唆しつつも具体策は教委等に下駄を預ける

　他方、特に問題の大きかった点への対応はにじませている。教育課程部会報告（中央教育審議会　2010）は、現状と課題について、「現在の学習評価は、

小・中学校を中心に教師に定着してきていると考えられる」とする一方で、「負担感や授業改善に関して課題があると考えられる」とする。また、「全体的には観点別学習状況の評価の着実な浸透が見られる」としながら、「『関心・意欲・態度』については小学校で約40％、中学校で約30％、『思考・判断』については小学校で約26％、中学校で約30％の教師が学習評価を円滑に実施できているとは感じていないなどの課題も見られる」ことを認めている。さらに、「『評価に、先生の主観が入っているのではないか不安がある』と感じている小・中・高等学校の保護者が約38％、『学級や学年など集団の中で位置付けが分からず、入学者選抜などに向けて不安がある』と感じている保護者が約46％存在している。保護者は、学校における学習評価の在り方や児童生徒の学習状況について、より一層把握したいという要望をもっていると考えられる」としている。問題の「関心・意欲・態度」については、「『関心・意欲・態度』は必ずしも分かりやすい形で現れないこと、また、そのことにより結果について説明責任を果たす教師に負担感があること等について指摘があった。また、評定については、学力の指標としての妥当性、信頼性等を高める必要があることについても指摘があった」と課題を認めている。

　こうした課題認識の下、「関心・意欲・態度」については、「『十分満足できる』状況と判断できる場合のみに記録することとすること」、「評定への反映に当たっては、加点要素として位置付けることとすること」といった工夫を挙げ、「このような指摘を踏まえた工夫を行う場合は、異なる学校段階において児童生徒の学習状況を円滑に伝達するため、評価の結果が進学等において活用される都道府県等の地域ごとに評価の在り方等を適切に考え、工夫の方法を統一することが必要と考えられる。その際、そのような評価に関する基本的な考え方を対外的に明示することも求められる」と、内申書を意識した都道府県単位での評価法の統一に言及している。

　また、評定全般についても、「各学校においては、設置者等の方針に沿って、自校における指導の重点や評価方法等を踏まえ、各教科の総括的な学習状況をとらえる評定の決定の方法を検討し、適切な方法を定める必要がある。その際、異なる学校段階の間での児童生徒の学習状況を円滑に伝達するため、

評価の結果が進学等において活用される都道府県等の地域ごとに一定の統一性を保つことも考えられる。また、そのような評定の決定の方法を対外的に明示することも求められる」と、都道府県単位での評価法の統一に言及している。内申書問題を意識した対応の必要性を示唆していることは間違いないが、具体策については、「都道府県等の地域ごとに」という言い方で、教育委員会等に下駄を預けてしまっている。

　以上のとおり、これまでの関心・意欲・態度を重視した観点別評価による評定の問題点に対処しようとする意図は窺える。しかし、これによって、教師による主観的な評価ではないかとの不信感や、上手な世渡りを競う生徒の反応といった、「観点別評価」のもたらした問題は、大幅に改善されるのかどうか。未だ不透明な感は否めない。他方、内申点のインフレや学校間格差といった「絶対評価」固有の問題にどう対処しようとしているのか（あるいは都道府県教委の間で見られる「補正」等の工夫に任せるのか）は、一層不透明である。教育課程部会報告（中央教育審議会　2010）は、保護者の理解の促進等のための方途の一つとして、「評定等の学習評価の結果について、学年等を単位として、結果として段階ごとにどのような割合になったかを公表することも考えられるが、あらかじめ割合を定め、それに児童生徒を割り振るものであってはならないのは、目標に準拠した評価の趣旨からみて当然のことである」と述べているが、これは、絶対評価の看板はそのままにしておいて、評定の成績分布が学校ごとに大きく異ならないようにすべきことを示唆したものなのか。問題の根本をそのままにしておいて、辻褄合わせを求めているようにも見える。

　政策決定の在り方についても、一言触れておきたい。前回の評価改革（指導要録の改訂等）と異なり、今回は、審議会としての大臣への答申等ではなく、部会報告にとどまった。また、局長通知という文書形式は、前回と同様であるが、政権交代後、政治主導を謳う政府において、教育課程改革と同様の重要性をもつ評価改革の政策手段として、局長レベルの行政指導という形式が適切だったのかどうか。全国の学校の成績評価等の在り方を事実上方向づける重要文書であるから、教育課程の基準を定める学習指導要領（大臣告示）

並みの政治的意思決定が必要ではないか。

　今回の指導要録改訂がどのような帰結をもたらすのか、未だはっきりしない。文部科学省に下駄を預けられた教育委員会や学校がどのような方向に変化していくのか、見守らなければならない。

　今回の評価の在り方の見直し（指導要録の改訂）についても、マスコミ報道の低調ぶりが指摘できる。読売新聞及び朝日新聞の記事検索データベースで検索した限りでは、両紙とも、上述の教育課程部会報告及び文部科学省初等中等教育局長通知に関し、全く報じていないようである。事の重大さにかんがみ、理解に苦しむところである。

おわりに

　最後に、観点別の絶対評価が子どもの人格形成に与える影響について、これまでに紹介してきた議論を整理する形で述べておこう。

　すでに本章で取り上げてきた「社会の荒波に乗るための上手な世渡り」（金子　2003：120）、「選抜の日常化・全面化」、「学校の求める人格基準への忠誠競争」（松下　1996：6）、「現実に存在する権力関係を隠蔽」（松下　1996：10）等の指摘は、知識・技能等の認知面よりも関心・意欲・態度という情意面を重視して全人教育を志向する、新学力観に基づく観点別評価がもたらす皮肉な帰結を論じたものである。

　また、観点別評価のもたらした弊害である、生徒や保護者にわかりにくい不透明な評価基準への戸惑い、生徒個々人に対して教師による主観的な評価が行われているとの不信感、成績分布に制約を設けない絶対評価がもたらした問題である、内申点のインフレや学校間・市町村間格差、これらはいずれも、社会の公正・公平さを疑わせる身近な経験となる恐れがあろう。

　こうしてみると、新学力観が「今日の子どもたちの人格発達の危機をさらに深刻化させていく」（楠　1995：12）との指摘には説得力があると考えられる。

注

1. 『読売新聞』ウェブ版 2006 年 1 月 14 日「絶対評価で選抜は無理!?」
   http://www.yomiuri.co.jp/kyoiku/renai/20060114us41.htm（最終閲覧日 2010 年 1 月 10 日）
2. 『産経新聞』ウェブ版（MSN 産経ニュース）2008 年 5 月 6 日
   http://sankei.jp.msn.com/life/education/080506/edc0805060121000-n1.htm（最終閲覧日 2008 年 5 月 8 日）
3. 『神奈川新聞』2004 年 3 月 29 日「揺れる絶対評価 "不公平" 入試の背景 2:『毒』と化した良薬」
   神奈川県高等学校教職員組合ウェブサイトより
   http://www.fujidana.com/news/k040329.htm（最終閲覧日 2010 年 1 月 10 日）
4. 『朝日新聞』2004 年 12 月 2 日朝刊（神奈川）「絶対評価（教育最前線　新高校入試の現場から：中）」
   朝日新聞社の記事検索データベース「聞蔵（きくぞう）II ビジュアル for Libraries」より
5. 『神奈川新聞』2004 年 3 月 21 日社説「絶対評価内申活用、見直せ」
   神奈川県高等学校教職員組合ウェブサイトより
   http://www.fujidana.com/news/k04321.html（最終閲覧日 2010 年 1 月 10 日）
6. 注 3 に同じ
7. 『朝日新聞』2007 年 5 月 27 日朝刊 p. 27（教育）「内申書評価に『補正』」
   及び注 2 に同じ
8. 注 3 に同じ
9. 『読売新聞』ウェブ版 2005 年 1 月 29 日（新潟）「変わる高校入試〈1〉絶対評価」
   http://www.yomiuri.co.jp/e-japan/niigata/kikaku/078/1.htm（最終閲覧日 2010 年 1 月 11 日）
10. 注 1 に同じ

文献

天野正輝 2001,『カリキュラムと教育評価の探究』文化書房博文社。
馬場久志 1995,「『新しい学力観』の学習者像と指導観」心理科学研究会『心理科学』第 17 巻第 2 号, pp.15-24.
Bernstein, B. 1990, *The Structuring of Pedagogic Discourse – Class, Codes and Control; Volume IV*, London: Routledge.
中央教育審議会 2009, 初等中等教育分科会教育課程部会児童生徒の学習評価の在り方に関するワーキンググループ（第 11 回）配付資料「資料 1　審議のまとめの方向性について（案）」, http://www.mext.go.jp/b_menu/shingi/

chukyo/chukyo3/043/siryo/attach/1288454.htm（最終閲覧日 2010 年 5 月 26 日）
中央教育審議会 2010，初等中等教育分科会教育課程部会報告「児童生徒の学習評価の在り方について（報告）」（2010 年 3 月 24 日付），http://www.mext.go.jp/b_menu/shingi/chukyo/chukyo3/004/gaiyou/1292163.htm（最終閲覧日 2010 年 5 月 26 日）
藤岡秀樹 1995，「『新学力観』を考える─『新学力観』から真学力観へ─（全体シンポジウム報告）」心理科学研究会『心理科学』第 17 巻第 1 号，pp.52-54.
藤岡秀樹 1996，「『新しい学力観』を考える─教育心理学の視点から─」心理科学研究会『心理科学』第 18 巻第 1 号，pp.15-30.
橋本重治（原著）・応用教育研究所（改定版編集）2003，『2003 年改定版　教育評価法概説』図書文化社．
池田 1992『テストの科学─試験にかかわるすべての人に─』日本文化科学社．
梶田叡一 2002，『教育評価〔第 2 版補訂版〕』有斐閣．
金子真理子 2003，「中学校における評価行為の変容と帰結─教育改革の実施過程に関する社会学的研究─」日本教育社会学会『教育社会学研究』第 72 集，pp.107-127.
国立教育政策研究所 2002，「評価規準の作成、評価方法の工夫改善のための参考資料」（2002 年 2 月），http://www.nier.go.jp/kaihatsu/houkoku/saisyu.htm（最終閲覧日 2010 年 1 月 31 日）
楠凡之 1995，「『新しい学力観』の問題点と発達研究、教育実践の課題」心理科学研究会『心理科学』第 17 巻第 2 号，pp.1-14.
教育課程審議会 2000a，「児童生徒の学習と教育課程の実施状況の評価の在り方について（答申）」（2000 年 12 月），http://www.mext.go.jp/b_menu/shingi/12/kyouiku/toushin/001211.htm（最終閲覧日 2010 年 1 月 11 日）
教育課程審議会 2000b，議事録（第 1 回〜第 17 回），http://www.mext.go.jp/b_menu/shingi/12/kyouiku/index.htm#gijiroku（最終閲覧日 2010 年 1 月 11 日）
松下佳代 1996，「新学力観と『新しい学習論』の対抗軸」心理科学研究会『心理科学』第 18 巻第 1 号，pp.1-14.
McGehee, J.J. & Griffith, L.K. 2001, "Large-Scale Assessments Combined with Curriculum Alignment: Agents of Change", *Theory into Practice*, Vol.40, No.2, pp.137-144.
文部科学省 1999，「児童生徒の学習と教育課程の実施状況の評価の在り方について（諮問）」（文書番号：文初小第 269 号，平成 11 年 12 月 17 日付，教育課程審議会に対する文部大臣諮問），http://www.mext.go.jp/b_menu/

shingi/12/kyouiku/toushin/991201.htm（最終閲覧日 2010 年 1 月 11 日）

文部科学省 2001，「小学校児童指導要録、中学校生徒指導要録、高等学校生徒指導要録、中等教育学校生徒指導要録並びに盲学校、聾学校及び養護学校の小学部児童指導要録、中学部生徒指導要録及び高等部生徒指導要録の改善等について（通知）（抄）」（文書番号：13 文科初第 193 号，平成 13 年 4 月 27 日付，文部科学省初等中等教育局長通知），http://www.nier.go.jp/kaihatsu/houkoku/tyourokutuuti.pdf（最終閲覧日 2010 年 1 月 11 日）

文部科学省 2010，「小学校、中学校、高等学校及び特別支援学校等における児童生徒の学習評価及び指導要録の改善等について（通知）」（文書番号：22 文科初第 1 号，平成 22 年 5 月 11 日付，文部科学省初等中等教育局長通知），http://www.mext.go.jp/b_menu/hakusho/nc/1292898.htm（最終閲覧日 2010 年 5 月 26 日）

奈須正裕 1994，「"新しさ"とは何か：現場の対応をめぐって」『日本教育心理学会総会発表論文集』，(36)，p.38.

小川博久 1996，「新学力観の検討―問題解決学習は果たして実現可能か―」東京教育大学教育方法談話会『教育方法学研究』，12 号，pp.1-29.

岡部恒治・戸瀬信之・西村和雄（編）1999，『分数ができない大学生』東洋経済新報社.

大津悦夫 1994，「『新学力観』に関する批判的検討」『立正大学文学部論叢』，100，pp.363-379.

Sizmur, S. & Sainsbury, M. 1997, "Criterion Referencing and the Meaning of National Curriculum Assessment", *British Journal of Educational Studies*, Vol.45, No.2, pp.123-140.

竹田清夫 2000，「観点別評価の『観点』の吟味―実態調査を手がかりに―」『東京工芸大学工学部紀要・人文社会編』，23（2），pp.1-12.

田中耕治 2002，『指導要録の改訂と学力問題―学力評価論の直面する課題―』三学出版.

山本七平 1983，『「空気」の研究』文藝春秋.

教育における評価とモラル

第Ⅱ部　道徳観をどう回復するか

第4章　基本的モラルをどう身につけるか

西村 和雄

はじめに

　戦後の日本教育は、我が国の高度経済成長を支えた強い学習意欲と高い職業意識に裏づけられた人材を育成し、一定の評価を得ています。しかしながら、高度経済成長の終焉を迎えた1970年代後半から始まったいじめ、不登校、学級崩壊、そして、近年みられる犯罪の低年齢化、親殺し、子殺しが続発する現状は、子どもたちを取り囲む生活環境の大きな変化に立ち遅れた教育及び道徳心（モラル）の深刻な荒廃を示すものであり、「このままでは社会が立ちゆかなくなる危機に瀕している」（平成12年12月「教育改革国民会議報告」、平成17年度「文部科学白書」）状況にあります。

　このような「ありえない、あってはならない事件」が多発する現状の流れを断ち切る必要性は誰しもが認めるところであります。やや乱暴な言い方になりますが、この問題の抜本的な解決に向けた取組みが1年遅れると「決してやってはいけないとの意識」が希薄化され次世代へ伝播されます。いつ問題を起こしても不思議でないモラル意識の低下した子どもたちが積み増しされる社会構造になりつつあるのではないかとの危機感に、一刻も早く手を打たなければならない緊急性をもち合わせていることに留意しなければなりません。しかも、犯罪の低年齢化にみられる社会問題は、子どもたちを取り囲む環境の改善だけで終わるものでなく、古来、日本社会が重視してきた道徳観に再び深く踏み込んで議論しなければならない大きな問題であります。

1　変化しつつある日本の子どもたち

　昨年発表された文部科学省による「児童生徒の問題行動」調査では、2008年度は、小・中・高校生の暴力行為が前年度より13％増加し、約5万9618件になりました。高校が3％減少したが、中学校が16％増加したのに対し、小学校は24％と大幅な増加をしているのです。子どもの暴力が低年齢化していることが窺えます。

　日本、米国、中国の高校生を対象に、日本青少年研究所が行った国際調査があります。それによると、先生や親に対して反抗することは本人の自由だと思っている割合は、日本の高校生が最も高かったのです（1996年調査）。

　ちなみに、学校以外での勉強時間は日本の高校生がいちばん少なく、日本の高校生は、勉強時間や勉強するなど将来に備えて頑張ることよりも、「好きなように遊んで暮らしたい」と思っているということがわかりました（2004年調査）。

表4-1　日本青少年研究所の調査より

```
「先生に反抗すること」は本人の自由でよい
　　日本 79.0％、米国 15.8％、中国 18.8％
「親に反抗すること」は本人の自由でよい
　　日本 84.7％、米国 16.1％、中国 14.7％　　　（1996年）


教師に対して「尊敬できる」
　　日本 11.5％、米国 32.0％、中国 68.4％　　　（1999年）
```

　規範意識のあり方は、物事のすべてにおいて、その結果の出来を左右します。試験で、カンニングをすることに、労力を使っていれば、科目の達成度は不十分になります。これは、スポーツでも、仕事でも同じで、その場限りの満足は得られても、長い眼でみると、本来の目的に合う実力をつけることもできずに終わってしまいます。基本的なモラルを身につけることは、適度な集中力をもって、ものごとにあたることを可能にします。

規範意識の醸成は、学校、大人社会、家庭のすべてに共通な、子育ての課題であるともいえます。

2　モラルは生産性を左右する

日本の企業も、若者の変化に気づいていて、対応を迫られています。

私たちが、滋賀県の企業を対象に行った2002年の調査では、新卒の従業員の質が「向上している」と感じる企業が15.7％であったのに対し、「低下している」という企業は29.9％でした。変化が感じられる項目は、「柔軟性・協調性」(25.9％)、「性格・人柄・個性」(24.7％)、「職業倫理」(18.8％)、「問題解決力」(17.7％) などです。現在の応募者に最も欠けていると思われる項目では、「職業倫理」(26.7％)、「問題解決力」(21.7％)、「論理的思考力」(16.2％)、「文章力・表現力」(16.2％)、「企画力・創造力」(14.9％)、「柔軟性・協調性」(14.9％)、が挙げられました。(西村和雄、平田純一、八木匡、浦坂純子、「企業における人材確保・育成の実態：学力と雇用のミスマッチ」、『別冊　数学文化』日本数学協会　2005年12月、pp.1-15)

応募者のこのような変化は、企業が日本人よりも、外国人を採用する傾向を加速させることになります。やはり我々が2007年に行った、中国とベトナムに進出している日本企業の調査では、日本人従業員が、相対的に優れている属性として、「企画力、トラブル発生時の処理能力」、があげられていたのに対し、ベトナム従業員については、「基礎学力、人材の質の均一性、パソコン操作能力、扱いやすい」が、中国人従業員については、「読み書き能力、計算能力、マニュアル理解力、ルーティンワークの能力、パソコン操作能力、手の器用さ、改善意欲、提案能力、英会話力」があげられていました (平田純一、西村和雄、八木匡、浦坂純子、「人材育成のための教育と評価の研究」2008)。日本の若者は、中国やベトナムの若者と較べても、多くの面で信頼にかけるという現状があるのです。

3　日本の現場に広がるゼロ・トレランス

アメリカがクリントン政権時の1994年10月に、「銃のない学校法」

（Gun-Free Schools Act）を制定し、同月の下旬には大統領令（Presidential Directive）により、学校に「ゼロ・トレランス政策」（"Zero tolerance" policy）を適用させ、学校に銃をもちこんだ生徒は１年間の停学とすることを呼びかけました。

　また、1990年代のニューヨーク市では、警察官を増員して、パトロールを強化し、地下鉄の落書きを消してきれいにするという政策で、大幅に犯罪を減少させました。このように、小さなルール違反でも、毅然と取り締まることが重要であることは、「割れ窓理論」として知られるものです。「建物の窓１枚が割れているようなささやかなことを放置すると、その地域の犯罪を招く引き金になる」という意味です。

　日本の学校でも、ゼロ・トレランスを導入するようになりました。私立岡山学芸館高校は、2001年から始めています。規律違反を、服装の乱れなどの軽いものから５段階に分け、レベル５の暴力行為では、教頭や校長が対応します。

　その後、新潟県立正徳館高校や静岡県立御殿場高校も2005年に、ゼロ・トレランスによる生徒指導を開始しています。

　文部科学省も、2005年からゼロ・トレランスの研究を開始し、2006年には、国立教育政策研究所による報告書として、『生徒指導体制の在り方についての調査研究』を配布しました。

　2007年１月24日、教育再生会議は、安倍晋三内閣へ出した７つの提言の一つを「すべての子どもに規範を教え、社会人としての基本を徹底する」としました。加えて、４つの緊急対応の中では、「暴力など反社会的行動をとる子どもに対する毅然たる指導のための法令等でできることの断行と、通知等の見直し」を、しかも３月末までの対応を求めたのです。

　文部科学省は、それを受けて、2007年２月５日に「毅然とした指導」を可能とする通知を出しています。これは、「騒いで他の子どもの妨げになる場合は、教室外への連れ出しは必要」、また、いじめなどの加害者に対する「出席停止制度の活用はためらわない」との内容を含んでいました。さらに、その通達の中では、

・放課後の教室居残り
・授業中における教室内での起立
・（罰としての）学習課題や清掃活動
・学校当番を多く割りあてる
・立ち歩きの多い場合に叱って席に着かせる
・教員や生徒への暴力に対する制止行為

などは、体罰にあたらないとしました。

4　教育現場におけるモラル教育

日本では、2011年に実施される指導要領から、学校での道徳教育がより強化されることになりました。教科化は見送られたものの、「心のノート」が改定され、規範意識についてのページが付け加えられました。

東京都品川区では、従来から、独自の教科「市民科」を設け、市民としての規範とコミュニケーションを重視した教育をしています。

福岡県八女市立の小中一貫校「上陽ほくぜい学園」では、「礼節・ことば科」を設けています。

規範を学校で教えなければならなくなった理由は、基本的な規範について家庭で教えられることが少なくなっていることも、原因として考えられます。2006年に日本青少年研究所が、日本（東京）、中国（北京）、韓国（ソウル）で行った比較調査によると、親によく言われる言葉について訪ねたところ、表4-2のような結果となりました。

表4-2　親によく言われる言葉（％）

	日本	中国	韓国
友達と仲よくしなさい	11	36	30
人に迷惑をかけないようにしなさい	21	29	32
嘘をついてはいけません	21	46	40
約束を守りなさい	27	47	31
勉強しなさい	31	32	47

日本青少年研究所調査（2006）より

いずれも日本がいちばん少ないのです。

5 大切な事前明示

　私がアメリカの大学で教えているときに、面白い体験をしました。工学部の学生を相手に、ミクロ経済学を教えていたときのことです。これは、伝統的にカンニングをする学生が多い授業で、前の年の同じ授業を教えていた先生は、期末試験では、1枚ごとに、異なる問題のセットを配って、斜め前の答案を見ても、正解が得られないような対応をしていたのです。これでは、カンニングをしても高い点は取れないのですが、カンニング行為そのものは、減らすことになりません。

　そこで、私は、中間試験を何回か行い、そのたびに、「カンニングをした答案であることがわかったら、どのような対応をするべきか？」と黒板に書いて、学生たちの反応を聞きました。すると、全員の生徒が、「不可にする」と答えます。それを確認しては、試験を行っていました。すると、例年は、カンニングが非常に多いことで、知られていたこのクラスで、期末試験でカンニングをした者は1人も出なかったのです。

　これは、当時、ピアレンティング（子育て）のセミナーを受けて、そこで習った方法を、クラスルームに応用したのです。

　「ルールを前もって明示すること」、そして、そのルールを「公正に運用すること」が大切で、ルールを破った場合の処置についてあらかじめ合意しておくのです。

　国立教育政策研究所で、報告書をまとめたメンバーの一人、藤平敦氏は、ゼロ・トレランスでも、書面による「事前明示」と「公正な運用」が前提であると述べています（"「ならぬことはならぬ」指導を　日本中ゼロトレランスで学校は立ち直る"「教育再生」平成21年立春号、p.15-18）

6 子どもたちと一貫性の大切さ

　子どもたちが基本的モラルを素直に受け入れ、青少年になるまでもち続けるには、子どもたちを囲む大人が常に一貫性をもって対処することが非常に

大切であります。

　近年、問題の要因とされている「キレる」、「ひきこもる」、などといった社会現象にもなっている若者は、なぜ社会だけでなく自らの将来に背を向け、前向きに生きる力に乏しいのでしょうか。昨今の社会では、何が、生きることを難しくしているのかを考える必要があります。

　基礎学力をつけることで、子どもたちは「考える力」をつけていきます。その「考える力」は、「自ら学ぶ」ことで、身についていきます。

　私たちは、学校の先生、近所のおじさん、祖父母など、過去に出会った人の中に、なぜ故か、懐しく思い出される人たちがいます。また、メディアや物語名作を名選手を生んだコーチや監督、成功者を育てた親や先生について、漠然とした憧れをもっています。それぞれが異なる個性をもっているこのような名コーチ、先生、親に共通するものは何でしょうか。

　中には、頑固で、一見、厳しい人も多いでしょうが、そうであったとしても、優れた先生や親に共通するもの、それは、「一貫性」です。その行動と言葉に一貫性のあること。これは、名伯楽、よい親に共通したものです。そのことを別とすれば、優しい人、厳しい人、それぞれですが、生徒や子どもにとって、時に腹が立つことがあったとしても、結局は、よい思い出をもつものです。

　ルールと約束も、例外ではありません。例えば、宿題の提出や規則などの教室内での決めごと一つとってみても、生徒と相談して、彼ら自身の意思を尊重して決めたルールは、繰り返し、確認されることによって、一貫性をもち、無理なく守られていくのです。

　このように一貫性を保つことは、子育てにも同じ効果をもたらします。その効果は、親に対する信頼を生み、これが親から祖父母、兄弟そして友達、先生へと広がり、この広がりが基本的ルールを守ることにつながります。大人には、子どもたちが基本的ルールを受け入れる過程で「一貫性」を保つ努力が求められます。

7　健全な子どもたちと４つの切り札

　永く守られているルールや約束は、すべて、当たり前のことであり、納得のいくものです。それは、やがて、繰り返し口外されるうち、確認される必要もなく、暗黙のものとなり守られていくものとなります。例えば、人の物を盗んではいけないということ。守られて然るべきルールです。しかし、現代社会では、このような守られて然るべきルールがあやしくなっています。犯罪が多発し、中には子どもが罪を犯してしまう現在社会は、人が人として、健全に生きるための約束が浸透していないということを浮き彫りにしています。

　好ましくない情報がインターネットや本を通じて流れたとしても、多くの子どもは、わずかな影響を受けるにとどまり、誤った行動にはいたらないとしても、社会全体からみると、数パーセントの子どもが自己を抑えることができず非行に走ることになります。

　情報の影響力についてですが、教育についても、勉強に対して否定的なことを政府やマスコミが繰り返し流せば、その影響は、時間を追って拡大していきます。逆に言えば、ポジティブで具体的な言葉を繰り返し流せば、その波及効果は社会にとって望ましいものになるでしょう。守られて然るべきルールや約束は、情報として繰り返し流されれば子どもたちの心に浸透していくことになります。

　このようにいろいろな角度から研究し、考えてきた結果、失われた規範意識を取り戻すために、誰でもが納得でき、かつ繰り返し、一貫して、伝え、守っていくべき基本的なモラルを繰り返し伝えることで共有し、確認しておくことが大切であるという結論にたどりつきました。そのモラルとは、「人に親切にする、嘘をつかない、法を犯さない、勉強をしよう」ということです。これらの４つは、モラルというより規範であり、当たり前といってもよいルールです。そして、道徳やモラルの基本となるものだと思います。

1．人に親切にする（相手の気持ちを思いやり、手を差し伸べる優しさと勇気をもとう）
2．嘘をつかない（嘘がなくなれば、人を疑わなくていい。疑うのは辛いこと、疑われるのは苦しいこと）
3．法を犯さない（命は大切…ルールを守ろう）
4．勉強をする（基礎学力は、知識となり、「生きる力」となる。「生きる力」は、考え、決断し、切り開く力）

文献

日本青少年研究所国際調査，1996年，1999年，2004年，2006年

西村和雄，平田純一，小木匡，浦坂純子，「企業における人材確保・育成の実態：学力と雇用のミスマッチ」，『別冊　数学文化』日本数学協会，2005年12月，pp.1-15．

第5章　少年はどこへ向かうのか

清永 賢二

1　何が問題か

　今も重い思いを投げかける「非行を中心とする少年問題」に注目したとき、次のような論点が引き出せる。すなわち、「これから子どもたちの規範はどこへ向かうのか」ということだ。

　周知のように生きる上で少年たちによって日々なされる行動が「非行＝逸脱行動かそうでないか」を計るのは「世の中の規範というものさし」である。最近では、この「規範」をめぐり、少年たちの規範意識が希薄化あるいは低下したとしばしば喧伝される。しかし、注意しなければならない。少年の「規範意識は低下した」などと単純にそう評価してよいのか。そう評価することのできる確かな「調査数値データ」を我々は手元にもって評価しているのか。

　元々、少年の行動の「善し悪し」を計る「規範という物差し」には３種類ある。

　１つは正当なものさしというべきなのか、正常な人が正常な常態下で身に備えている「人を殺してはいけない」という「表」のものさしである。世の中でいう規範は、このタイプの規範だ。この規範を「正規範」と呼ぼう。

　２つめのものさしは、表の正統なものさしの「裏側」のものさしで、表に出ることは少ないが、しばしば人間の本音として「場合によっては人を殺してもよいではないか」として現れてくる。例えば、戦時下にあっては、通常は許されることのない殺人も、「戦争ではたくさん殺したほどヒーローとされる」とされるものさしである。この第２の「裏側のものさし」は、世が世であれば「世の中に誇示し許容されるものさしではない」、という自覚に裏

打ちされている。裏側の規範であっても、正規範の存在は意識されているのだ。こうした規範を「逆規範」と呼ぼう。

　そして、残りの3つめのものさしは、あるべきはずの「物差し」そのものがない、という状態である。ものさしそのものがないのだ。例えば、（社会的に共有されねばならない、あるいはあることが自覚されておかねばならない）行動の基準となる「柱」そのものがないということとなる。あるのは、動物的な自己本位の自身の欲求、本能的衝動のみだ。

　ということは、自分の行っている行為が「社会を構成している人々の間」でいかなる意味をもっているのかを計ることができない、そして行動の意味が理解できないだけ、何でも「やってしまって」、自分の「やったことは殺人と呼ばれる行為なのか」と気づくこととなる。こうしたものさしそのものの喪失状況のことを、一般に「規範（norm）の喪失」ということで、我々は「アノミー」（anormie）とここでは呼ぶ。アノミーは、世の中の価値体系が分裂−混乱した状態にあって「生きる行動原理」をどこに求めてよいかわからない混沌とした時代の中から産み出される。

　最近の少年非行を眺めたとき、その大部分は、「悪いことだ」と自覚しつつ、しかし「つい出来心で」、「友達に誘われ断れなくて」やってしまったという「正規範」や「逆規範」の精神に支えられた非行だ。それと同時に、最近の重大な非行事件の中に、もう一つの特徴を見出すことができる。すなわち、第3のアノミー的な精神に支えられた非行である。「中途半端な何かの失敗」ともいってよい。人数は非常に少ない。しかし、彼らが引き起こした少年事件は、これまでの「非行少年理解枠」から大きく外れ、あまりに重大で、あまりに理解不可能なため、多くは精神病理の世界で個別特殊な扱いを受ける。

　例えば、彼らによるこの種の事件は「14歳（事件当時、以下同じ）の少年が引き起こした酒鬼薔薇事件から始まり25歳の青年による秋葉原連続殺傷事件」までの間に生じた数少ないが我々に重い衝撃を与えた非行事件の中に見出す。

　秋葉原事件の犯人である25歳の若者も、わずか10年前は少年・酒鬼薔薇と同じ中学生であり、基礎的人格形成期である「少年時代の真っ盛り」で

あったことは間違いない。問題は、その大切な「少年時代の真っ盛り」に体得しておかねばならなかった「何か」を身につけそこなったと思われることだ。

何が少年期にある子どもたちの精神世界で起こっているのか。「人を殺すな！」という絶対的な道徳観を身につけようとする一方で、本人も自覚しないまま、「時には人を殺すことも正義だ」という身勝手で中途半端な思い（犯罪学でいう「中和の理論」）が密かに育まれているのではないか。その結果として、単純で身勝手な「自分が正義だと短絡的に思いこみ、時にはよいではないか」と雑踏の秋葉原で刃を振るう少年が誕生しているのではないか。

このての重大非行が最近（2010年以降）特に爆発する。各地で発生している「自殺を目的とした理不尽な通り魔事件」があった。

未だ数は少ないが、こうしたアノミー的な精神に支えられた非行少年が着実に育ってきているということを忘れてはならない。何がどうしてこうした「自分の責任を都合よく回避する中和の理論」を身につけた身勝手な少年を産み出す原因となっているかは明確となっていないが、現代社会の何かがこうした少年の産出に寄与していることは間違いない。

2　規範意識は低下しているか

ともかく今でも非行少年の多くを占めるのは「正規範」や「逆規範」に支えられて非行を犯す少年たちなので、彼らの問題に戻ろう。

少年非行の問題の深部には「規範＝物差し」が存在する。それは間違いない。このものさしの狂いが非行や犯罪、各種の逸脱した少年の行動を産み出す。

最近この物差しの狂いがますますひどくなった、と言われる。少年非行の世界に1965年以降生じた規範の狂いが、急角度で一層大きくなっているというのだ。その例証として少年の間の逸脱現象の多発化と多様化、そして理解不能化の進行があげられる。

事件事例1

　2007年8月。警視庁少年事件課は、東京都北区に住む高校生やタイル工ら15〜17歳の少年5人を殺人未遂容疑で逮捕した。少年らはほかにも2件、ホームレスを狙って火をつけるなどしていた。リーダー格のタイル工の少年（17）は「こじきは死んでも構わないと思った」などと語る。少年らは「追いかけられるスリルがたまらなかった」と供述。彼らはリーダー格の「ゴミを掃除するぞ」というかけ声で火をつけた。（参考：毎日新聞）。

　「こじきは死んでもかまわない」、「ゴミを掃除する」という言葉の背後に、現在我々が共通してもっている規範とは異質で理解不能なものさしが産み出されつつあるという予感が生じる。
　少年たちが「ゴミだから」という理由だけで生きている人に平気で火をつけることができたのか、ということの根本の心理が、これまでの我々の規範感覚を持っては解けないのだ。ただ、この予感は、このままで推移するならば10年先に大人になった少年に支えられる21世紀社会は大変なことになる、今こそ「道徳」あるいは「徳育」が重点教育政策として掲げられねばならない、という言葉に容易に結びついて行く。
　しかし、果たして本当に少年の規範意識は低下しているのか。

3　神話としての規範意識の低下論

　少年の規範意識は低下している、というフレーズが常識として広がっている。しかし、この常識は科学的に検証されたものか。例えば、この検証を進めるには、少なくとも同一の調査票で、同一の場所で、時間を超えて同年齢の少年を対象とし、規範意識の変化を追いかけた規範調査が必要とされよう。しかし、実際になされた検証調査は数限られている。
　その数少ない全国の14歳の少年を対象とした1987年から2008年にかけて実施した定点観測的調査の結果は以下の事柄を示している[1]。
　　1．規範意識、特に社会的規範や法的規範に関し、最近になるほど少年の規範意識はよい方へ高くなっている（少年の間での犯罪等の逸脱行

為を「してはならない」という割合が高くなっている)。
2．特に、男子少年の規範意識は高くなっている。
3．その一方で、女子の規範意識は確実に低くなっている。
4．最終的に男子と女子を差し引きしてみても、全体として少年の規範意識は高くなっている。

　これが最近の少年の規範意識の実態である。少年の規範意識は「低下している」という常識＝我々の少年規範感は神話である。少年の規範意識は決して低下していない。
　例えば、こうした結果をもとにしてみると、次のような状況も容易に理解できる。すなわち、最近の少年による凶悪事件や粗暴な事件数の推移を見ると、実際には横ばい、あるいは低減しているのが実情である（2006年時点）。凶悪犯でみると1997年の2,263件に対し2006年には1,170件（48.3％減）、粗暴犯では17,981件に対し9,817件（45.4％減）へとおよそ半減しているのだ（警察庁統計「犯罪統計」）。
　しかしこうした一方で、我々の規範感覚をもってしては理解不能な凶悪犯罪が、少年によって絶えることなく発生していることも事実なのだ。

4　進む心と体の分離
　少年の規範意識は高くなっている。最近の少年犯罪の動向もこのことを証明する。しかし、その一方で先の酒鬼薔薇事件や秋葉原連続殺傷事件を犯した少年たちは例外として、事例1や次の事件事例2の少年たちに接したとき、本当に少年の規範意識は高くなっているのかと思いは揺らぐ。

事件事例2
　2007年5月。福島県立高校3年の男子生徒（17）が「母親を殺した」とデイバッグの中に切断された人間の頭部をもって、福島県警会津若松署に自首した。同署員が少年の住むアパートを確認したところ、首のない女性の遺体と凶器とみられる刃物があった。腕の一部は植木鉢の中にオブジェ風に差し

込まれていた。少年は落ち着いた態度で、署員に「夜中に寝ている母親を1人で刃物で殺した」と話し、その一方で「誰でもよかった」などとも述べているという。（参考「朝日新聞。2007年」）。

　少年たちは規範から逸脱することは「悪いことだ」と意識はする。しかし、意識はするがそれがどのように悪いことなのか、それによってどのような賞罰裁定（SANCTION）が下されるかが身に染みこんでいない。すなわち規範意識と行動が乖離しているのだ。少年たちは、悪いこととは知識として知りながら、その事柄の社会的本質を無自覚なままに本能的に実行する。
　事件事例1の少年も事例2の少年も、おそらく、警察の取り調べに対し、「悪いことをやりました、でも、どうしてこういうことをやったか自分でもわかりません」と答えているに違いない。あるいは「悪いことはやりました、でも、それはそうされてもしようがないゴミだからです」とも語っているだろう。
　現代少年にとって、意識と行動は別物なのだ。

5　大人になりきれない少年たち
　「自分でもわからない」あるいは「ゴミだから」という言葉は、先から述べている犯罪学で言う「中和の理論」で理解される。それは、自己の責任を他に転化し、自分に下るであろう「悪いことに見合った罰」を最小にしようという自己保身に裏づけされた責任回避の巧みな論理にほかならない。
　「火をつける」という決定を安易に行っても、その決定に伴って生じる責任を回避しようという心理、さらには、人に「火をつける」という行為を選択したとき、それが殺人へとつながり、殺人に対しては、最悪の場合は「死には死を」という掟を社会が用意していることが体得されていない。
　多くの少年にとって「悪いこと」というのは、断片化した言葉の切れ端にしかすぎず、その選択した行為の「重さの全量」が体内化していない。
　従来、自己決定と自己責任をとれるのが大人だという。しかし、この2つに加え、「大人の知恵」、すなわち「生きる上で必要とされる選択肢を自分で

並べてみることの力＝自己選択の能力」、つまりは生きる上で直面する様々な現実問題を前にして、その解決策にはどのような選択肢があり、最適な選択はどれかといった社会的かつ論理的思考の能力を身につけることが必要である。決定と責任を行うだけであるならば、幼児でも可能である。

　自己決定、自己責任そしてこの自己選択の能力の３つをもつ者を我々は大人と呼ぶ。いかに年齢を重ねていても大人としての３つの条件を備えていない者は子どもであり、「大人子ども」とでもいうべき存在でしかない。

　非行を中心とした逸脱行動を犯す少年の背後に大人となりきれない、大人への道を歩もうとさえしない存在を認めることができる。

6　大人にすること

　少年の逸脱行動をせき止めるのは、彼らを大人にすることである。自覚のない非行行動に走りがちな少年に対応するのには、先に述べた大人の３条件の幼い頃からの基本的形成、特に生きる上での「実学としての自己選択の能力」が最も重要である。こう言うときにはこういう選択肢があり、その選択肢にはこういう結果が控えている、ということを知識ではなく現実問題の解決過程で体に覚えさせることである。

　こうした状況に対し、今なされようとしているのは、道徳あるいは徳育教育による規範意識の形成である。

　例えば、2006年10月、安倍内閣によって新たに設置された機関である教育再生会議は、いじめや非行問題への対応として「道徳の時間について十分な授業時間を確保」することを目指す。しかし、これまでに述べたように、「悪いことは悪い」と知っているが体がそのことを裏切っている現代少年に「徳」を説いて有効な結果を得ることができるであろうか。徳を説くことの前になすべきことは、その行動はどう社会的に定義され、その行動を実行することによって、どのような複数の結果が生じ、それによってどのような処罰裁定が下るのかを事実（仮装体験でもよい）をもって教育することである。

　こうした教育の好例がイギリスにある。「市民化教育」(CITIZENSHIP EDUCATION) である。そこでは５歳の段階から「よいこと悪いこと」が教

えられ始め、やがて悪い行いに対しどのような賞罰裁定がなされ、その行為によってどのような人権問題が生じるのかを教える「英国を支える次世代の市民づくり」の枠組みの中での規範教育がなされている。徳は語られない。しかし、実質的に人間としていかなる知恵を身につけ、どう振る舞うべきかが次世代づくりのカリキュラムの中で、発達段階にそって教え込むことが営まれているのである。

7　格差社会の逸脱現象への浸入

　規範ものさしの深部への格差社会の浸入について触れておかねばならない。

　非行における将来犯罪者化する可能性の高い問題性の深い非行少年（例えば、同一生まれ年次の男子少年の中の３％）の背後に、出身家庭の社会経済的問題のあることが指摘されてきた。この格差の問題は、最近では、非行問題のみならず、男女の性的モラルハザードの崩壊、若年結婚や離婚、児童虐待、家庭内暴力、自殺問題等の様々な逸脱現象にまで深く浸入し始めている。

　具体的に非行問題を例として挙げると、先の問題性の深い少年の多くは低収入な家庭に属し、低学歴あるいは不本意進学・退学の結果、職業威信スコアの低い業種に就労、低収入・低文化な生活状況を背景に早期結婚・子どもをもち、そしてその子どもが親と同じような人生をチェーン的に送り始め、非行は「悪いこと」だと知りながら生活の必然から「親子２代にわたっての非行世界」へと強制されない強制作用で参入しつつあるのである。

　少年非行の世界から見ると、問題性の深い非行少年の再生産サイクルが「格差」の名の下に親子で固定し完結し始めている。こうした格差が産み出す非行・犯罪状況は、古典的マルクス犯罪学の扱うところであった。そういう意味で、どこか遠くに階層ではなく階級としての「格差社会と非行・犯罪」の因果関係が浮かび上がる。

　他の逸脱行動もほぼ同様な状況にある。逸脱問題の背後にある格差をどうするか。格差の解消なくして逸脱問題の解消なしである。しかし、この格差というくびきは太く強い。固定化しつつある逸脱少年の再生産サイクルをど

う断ち切るか。今日の重大な問題である。

8　来るべき2021年社会における逸脱問題
　繰り返すが、逸脱は規範ものさしの狂いから生じる。それを矯正する用具として規範教育がある。しかし、徳を重視し道徳に価値を求めようとする現在の規範教育システムでは、次の10年先に向け逸脱に走る少年の心性を押しとどめ、さらに新しい人生創造へ向けてのバネとはなりえないであろう。
　おそらくわずか10年先という近未来社会においても、多くの少年は「悪い」と知りつつ多様で理解不能な逸脱行為を繰り返している。
　もし、この流れを止めようとするならば、自らの体験の中から大人となるための感覚を体得させようという市民化教育がなされねばならない。しかし、そうした構造的教育改革が現在から10年後の2021年までに完成するとは思われない。システムの劇的な変革が行われたとしても、その変革の成果がわずか10年で出てくるものとは思われない。
　戦後50年以上掛けてつくり上げてきた規範教育システムとそれを支えてきた日本社会が紡ぎ育んできた人間を変えるには、それと同じかそれ以上の年月を必要とすることを覚悟しておかねばならい。しかし、それでも効果のない徳の教育よりも、子どもを大人とする実学的な規範教育システムへの早急なパラダイムシフト作りを進めることは急務である。

9　独善的意識に基づく理解不能逸脱現象の一層の拡大
　「なぜだ」という理解不能な逸脱現象が多発化している。先にも述べたように、この現象は近未来10年先の社会に向けさらに一層拡大することは間違いないと思われる。
　例えば、大人であることの第3の条件である「自己選択の能力」が身についていない少年の多くは、自分を客体化することができず、「選択」の中に含まれる他者の視線を気にすることなく、自分だけが正しいと考え、個々人の本能の赴くままに、我々の規範では理解不能な逸脱現象を一層多発化させてゆくであろう。

その際重要なことは、逸脱行動を働いた本人自身も「なにをやったか」がわからず行動の源となった原因が説明できず、最終的には本人のみならず社会全体に説明のつけようのない不安と解決されないストレスが渦を巻いてゆくことになろう。

10　格差固定化の逸脱現象への進行

　逸脱行動への格差の影響は2021年になっても続くことは間違いない。すでに格差の産出は、日本の経済社会の深部に根付いた固い構造となっている。この構造がわずか10年で崩壊する、あるいは逆に構造を補完し、負の格差を背負った人々に人生の確かな出発を保障するシステムが完備されるとは思われない。財政赤字問題はそれを許さない。

　そうであるならば逸脱世界は3極に明確に分化し、棲み分けられていくものと思われる。

　1つめの極は、格差社会の中の上層の部分に属する人々と逸脱のかかわりである。それは少数のもてる者による「悪いということもさほど意識されない」遊びとしての逸脱行動である。生活のかからない小犯罪（楽しみの万引き）や薬物犯罪などが、これらの人々によって犯されるであろう。薬物と性に溺れた、遅れてきたアメリカの1970年代的状況が少年たちの間に出現する可能性がある。こうした状況は少数者に担われなかなか可視化しないだろう。

　2つめは、従来どおり悪いとは知りながら、規範の体得がなされず、楽しいから、スリルを求めて、あるいはちょっとした小遣い稼ぎを目的とした逸脱行動である。こうした状況は3極の中間の大勢の少年によって犯される可視化しやすいが、規範の体得が進む犯罪で、逸脱者は減少することになろう。したがって、最も層の厚いこの部分が凹むことにより、日本の逸脱現象そのものは量的には低減して行くものと思われる。その部分を補う存在として、外国人子弟の存在が浮かび上がる可能性が高い。結果として日本国内での逸脱現象は総量としては減らないことになろう。

　最後の第3の極は、格差社会の最深部を担う少年による逸脱行動で、悪いと知っているか否かは問題とならず、生活の維持のためになされる逸脱行動

で、粗暴で巧妙、短絡的で情緒的、徹底的で許容的な面と理解不能な面を多分に含んだものとなろう。こうした状況は格差社会の深部を担う少数の少年により産み出され、少数ではあるが、仲間によって非可視化されやすく、暗数の多い極めて問題な状況となろう。

結びに

我が国の10年先の近未来社会は「解消されない格差」の下に、構造的に産出される生活の緊張によりストレスの多い社会となろう。大きな流れとして、数量的には、外国人あるいはかつて外国人であった少年の逸脱行動の深刻化は予想されるが、そのことを除いて2007年時点とほぼ変わりのない逸脱状況が続いているであろう。しかしその深部で、これまでに述べてきたように、質的には可視的あるいは非可視的に、逸脱世界の揺れは大きくなっているに違いない。

注
1 清永は、1987年以来、①およそ5年の期間をおきながら、②一定の場所（中学校）で、③一定年齢の少年を対象に（14歳）、④同一の質問紙で、規範意識調査を繰り返してきた。本章のベースには、こうした「定点観測的調査の結果」がある。

第6章　子育てと道徳心

柿谷　正期

1　子どもの真のメッセージに耳を傾けよう

　ある人がメールマガジンで、ときどき小さな息子さんとのやりとりを書かれている。先日、こういうメールが配信された。「断固悪いことは悪い。叱った」。子どもはまだ小学校に行かない年齢のようであるが、父親が背広を着て準備しているときに、後ろから背中を突つくような感じがするので、「おまえ何しているのだ」と見ると、つばを背広につけて「パパの洗濯代を多くする攻撃」と言いながら背広を突ついている。それでその方は「断固として叱った」と書かれていた。

　私も自分がまだ第一子の子育て時代だったら、同じことをしていたかもしれないと思う。しかし、今は3人の子育てが終わったということと、私自身が選択理論を学び、また皆さんに紹介しているので、少し違う対応をするかもしれないと思う。私はその方に、私だったらこうするというメールを返信した。

　私だったら、子どもが朝の忙しいときに父親にそのようなかかわりをしているということは、父親とかかわりたいというメッセージが背後にある可能性があると考える。そうであるなら、それをそのまま叱るのではなくて、「ああ、君はお父さんと遊びたいんだね」、「お父さんも随分忙しくしているから、君と最近遊んでないよね」、「きょうはすぐに行かなきゃいけないけど、そのうち遊ぼうね。でも君、つばを洋服につけるというのはいいことかい」と、自己評価を促す。そうすると、ひょっとしたら子どもは「いいことだ」とふざけて言うかもしれない。その場合は「いや、お父さんは悪いことだと思う

よ」と返してやる。そして子どもがもし「悪いことだ」と言えば「うん、お父さんもそう思うよ。悪いことはやめようね」というようなかかわりをもつ。

　私は「叱る」という言葉を聞くと、ついつい過剰反応をしてしまう。「叱らないやり方があるのではないか」と。

　メールマガジンを見ていると、この人は、本当に忙しい生活の中で子育てをされている。反面でしっかり子どもと接していらっしゃるという印象を受けている。子育て中の親が子どもとすることは、やはり短い時間でも遊ぶこと。遊ぶことで子どもとのかかわりがもて、子どもは親に愛されているという感じをもてるのではないかと思う。

遊ぶことは愛すること

　ハリー・チェイピン（Harry Chapin）の「揺りかごの猫」（「Cat's in the Cradle」）という歌がある。こんな内容である。（訳詩は柿谷正期 1988 による）

　　　子どもがついこの間生まれてきた
　　　ごく当たり前に生まれてきた
　　　私は飛行機に飛び乗ったり、請求書の支払いをしたりの忙しい毎日
　　　子どもは留守の間に歩き始め、知らぬ間に話し始めた
　　　成長したらよく口にしたものだ
　　　「僕、パパのようになるんだ。きっと、パパのようになるんだ」
　　　猫は揺りかご、銀のさじ、青い人形に、月人形

　　　「パパ、いつ帰ってくるの」
　　　「わからないね。でも帰った時は遊ぼうね。楽しくやろうね」

　　　息子は先日、10歳になった
　　　「パパ、ボールありがとう。ね、遊ぼう。投げ方教えてくれる？」
　　　「今日はだめなんだ。することたくさんあるんだよ」

「わかったよ」と向こうに行く息子のほほえみは明るかった
「僕、パパのようになるんだ。きっと、パパのようになるんだ」
猫は揺りかご、銀のさじ、青い人形に、月人形

「パパ、いつ帰ってくるの」
「わからないね。でも帰った時は遊ぼうね。楽しくやろうね」

息子は先日、大学から帰ってきた
見違えるほどたくましくなり、私は思わず言った
「誇りに思うよ。ちょっと座らないか」
息子は首を横に振り、ほほえんだ
「実は、車のかぎを借りたいんだ。ね、いいでしょう、お願い」
「いつ帰ってくるんだい？」
「わからないな。でも帰った時は遊ぼう。楽しくやろうね」
猫は揺りかご、銀のさじ、青い人形に、月人形

私は退職し、息子も家を出た
先日、息子に電話した
「できれば会いたいね」
「うん、時間があったら会いたいね。でも、新しい仕事が大変で、それに子どもが流感なんだ。でも電話で話せてうれしかった。とても楽しかったよ」
電話を切って、私はふと思った
息子は成長し、私とそっくりになったと

　一生懸命遊んであげようと思っても、気づいたときにはこんなことになっているということがよくあるのではなかろうか。どんな親でも悔いのない子育てをしたと言い切れる人はいない。子育てに失敗したと悔いる親はたくさんいる。子どもを母親の思うように育てようとして、子どもの反抗に遭って

うろたえている母親もいる。その子はもはや社会人なので、家にはもう何年も寄りつかないという。こんな状況で子どもが親の価値観を継承することなど期待できない。世の人々がすべて良好な親子関係が築けたら、社会はもっとよくなるのではなかろうか。私たち夫婦には3人の男の子が与えられ、3人とも成人した。私たちの親子関係を振り返ってみると、夫婦が選択理論を学んでから大きな変化があったと言えよう。

2　基本的欲求を満たす関係

　グラッサー (1998) の提唱する選択理論では、「人間には基本的欲求がある」という。基本的欲求とは、「生存の欲求」という身体的な欲求が一つと、「愛・所属の欲求」、「力の欲求」、「自由の欲求」、「楽しみの欲求」という4つの心理的な欲求で、合計5つの欲求である。グラッサー博士は、基本的欲求は、遺伝子の中に組み込まれていると述べている。

　「愛・所属の欲求」というのは、かかわりたい、グループの一員・家族の一員である、友達がいるという感じである。子どもは親との関係の中でそれを満たしたいと思う。「力の欲求」というのは、自分には価値がある、できる、認められる、自分は重要であると感じること。「自由の欲求」というのは、拘束されずに自分が選んで行動していきたいということである。そして、「楽しみの欲求」というのは、楽しいことをして時間をすごしたい、そして楽しいことをしていると時間はあっという間にすぎてしまうことである。マズローの欲求の段階説を知っている人は、比較して同じようなものだと思うかもしれないが、グラッサーの提唱するものには段階はない。段階説については、提唱者のマズロー自身が亡くなる前に側近の人に、段階説は間違いだったと認めたという。私がこれを聞いたのは米国のブラッド・グリーン博士からである。何年も前の学会の席上でのことだった。グラッサーの提唱する基本的欲求は、段階ではなく、「生存」の欲求と、「愛・所属」、「力」、「自由」、「楽しみ」という5つの欲求である。この基本的欲求を満たすような親子関係を築いていけば、子育てでいちばん望ましい状態になるのではないかと考える。

　妻と私が、長男と次男と三男の子育てを比較してみると、選択理論を本当

に本気で実践したのは、三男のときであったと思う。長男のときにはまだそれほど選択理論を理解していなかったし、次男のときは少ししか理解していなかった。振り返ってみると、三男を育てるときに、私たち夫婦は子どもを怒ったり叱ったりした記憶があまりない。三男になると、子育てにも慣れた、自己評価を促すということは常にしたと思う。子どもを叱るような事態があったとしても、叱る前に自己評価を促すことをしていたので、叱る必要もなかったというのが実情であろう。

　子育ての中で、あるいはそれにつながっていく道徳観を育む過程で、自己評価をする能力は重要である。自己評価という言葉が時にはセルフ・エスティーム（自尊感情）のような意味で使われることがあるが、ここではそういう意味で用いるのではない。自己点検の意味での自己評価である。自己評価の高い子といえば、自尊感情の高い子とか自己効力感をもっている子、というような使い方がされるが、ここではそういう意味ではない。私が今使っている自己評価という言葉は、自らが点検し、自分で評価するという意味合いである。

3　上質世界という有用な概念

　基本的欲求は直接満たすことはできず、間接的にしか満たされない。例えば、生存の欲求の中の食欲というのは皆もっているが、「では、何を食べるか」となると違ってくる。愛・所属の欲求でも、だれと一緒にいたいのかというのは人によって違う。基本的欲求は同じでも、その満たし方は人によって違うということである。

　ここから新しい概念が一つ出てくる。クオリティー・ワールド、「上質世界」と呼ばれるものである。そのような場所が我々の頭脳の中にはあって、そこにその人にとって上質だと思うものが入っている。したがって、もしすき焼きが大好きという人がいれば、その人の上質世界にはすき焼きが入っている。納豆が大好きという人は、そこに納豆が入っている。タロウ君がハナコさんと結婚することを考えていれば、タロウ君の上質世界にはハナコさんがばっちり入っている。

上質世界に入るもの、これがとても重要になってくる。親子関係を考えると、親のイメージ写真が子どもの上質世界にばっちり入っているかどうかが重要である。通常は子どもの上質世界に親は入っている。赤ちゃんは、最初は何もわからずに不快感を覚えてあんあん泣く。その泣き声を聞いて、だれかがやってきて、おっぱいを飲ませてくれる。おしめを替えてくれる。すると快適な感情を得ることができる。それを繰り返すうちに「ああ、これがママだ」とわかってくる。基本的欲求を満たしてくれるお母さんは、赤ちゃんの上質世界に入ってくる。今まで何も入っていなかった赤ちゃんの上質世界に母親は入ってくる。そのうち父親も入ってくる。
　タロウ君とハナコさんの関係で、ハナコさんが「私、無理だと思う。さようなら」と別れていったら、タロウ君は、しばらくは悩むが、ハナコさんの替わりになる人を見つければいいわけである。ハナコさんに振られたのは悲しいことではあるが、自分の基本的欲求を満たしてくれる人は全世界でハナコさんだけということはない。「そういえば気になるキョウコさんがいた」と思いたつ。キョウコさんと連絡をとってつき合ってみると、キョウコさんはとてもいい人だとわかってくる。そうすると、ハナコさんが上質世界の中心から移動して、キョウコさんのイメージ写真がそこに入ってくる。最終的にはハナコさんのイメージ写真にキョウコさんのイメージ写真がとって替わる。
　ところが、親子関係の場合には、いったん子どもの上質世界にお父さんやお母さんが入るわけであるが、親との関係が悪くなっても、親にとって替わるものがない。したがって、親子関係で悩む人というのはずっと悩み続ける。後々まで問題が残っていくとも言えるであろう。そういう意味では親子関係はとても重要なものであり、他の人間関係とは異なる。他の人間関係であれば、いやな奴とはつき合わないという選択もでき、そのいやな奴を自分の上質世界から締め出してしまうこともできる。締め出してしまえばあまり関係がない。しかし、親子関係の場合は理論的には締め出すことができたとしても、親にとって替わる人がいないが故に、子どもは実際には親を自分の上質世界から締め出し切れないと思う。子どもが悩み続ける理由はここにある。

子どもを幸せにするには、親は子どもと良好な親子関係を保つことが必要である。

4　価値観の継承

　私たちが自分のもっている道徳心や価値観を子どもに継承させたいと思うときには、子どもの上質世界に親のイメージ写真がばっちり入っていなければならない。親はいつも子どもと一緒にいるわけではないが、子どもの上質世界にばっちり入っている親の存在というのは、子どもは無視できない。親が「こういうことはやらない方がいいよ」ということがはっきりしている状況では、「あ、お父さんやお母さんはこれをやると嫌だろうな」というのでブレーキになる。

　西日本新聞・朝刊（2007年12月25日）に「『父のため』小6命懸け」という記事があった。このお父さんはマンションに忍び込んで盗みをしている。そして、小学校6年生の男の子がお父さんのために高いところに上って手伝いをする。落ちたら命にかかわるというようなところに飛び移る。記事には「マンション上階で通路から出窓に小学6年の長男を飛び移らせるなどして他人の部屋に忍び込み」と書いてある。子どもは部屋の中に入って玄関を開けてお父さんの盗みの手助けをする。

　この小6の子どもの上質世界にお父さんはばっちり入っている。お父さんの手伝いをしたいと思っている。道徳心とか道徳観というのは、結局は大人がどういう道徳心や道徳観をもっているかということになる。親が間違っているものをもっていたら、もちろん子どもはその影響を受けるわけだ。子どもは親の道徳観や価値観を継承する可能性は大きい。

　西日本新聞・朝刊（2007年10月28日）は「亀田親子に見る」という記事を掲載している。このお父さんは子どもを、ここでは「所有物」のように思っているようだ。「俺が親やから。俺のもんやから」と言ってる。自分のもの、子どもはおれのものだという主張である。父親のもっている価値観は、現段階で息子たちに継がれているようである。

　ここでも同じことが確認できる。子どもの道徳心あるいは道徳観は、私

たち親がどんな道徳観や価値観をもっているかで決まるようだ。親がどんな価値基準で行動しているかが、そのまま子どもに影響を与えるということだ。

親のイメージ写真が子どもの上質世界にばっちり入っていれば、例えそれが間違った道徳観、価値観であったとしても、子どもはそれを受け継いでいくという危険なところがある。この２つの記事は、結局は我々大人がどのような道徳観や価値観をもつかということがいかに重要かということを教えている。

私たちがよい道徳観や価値観をもっていても、子どもの上質世界に親が入っていなければ、親の道徳観や価値観を子どもが継承することはないだろう。親子関係がものすごく悪く、父や母の顔も見たくないというような関係が現実に存在する。このような状況で親の価値観が子どもに継承されることはないと言えよう。どのようにしてそのような悪い関係になるかというと、一言でいえば、基本的欲求を満たさない関係になっているからである。

親の影響がそれほど強いなら、教師の影響は微々たるものと思えるかもしれないが、親に道徳的な教育が期待できない場合でも、教師の存在は大きいであろう。教師が生徒の上質世界に入っていれば、教師の価値観、道徳観は生徒にとっては無視できないことになる。

上質世界に入っている教師が教えることは、生徒にすんなり入っていく。伝統的な教え方と選択理論的な教え方で結果は違ってくる。ある小学校で１年生のクラスが５組あった。あるクラスの教師は選択理論をしっかり身につけた教師であった。算数の概念をどのくらい理解しているかを確認するテストで、選択理論的対応をしたクラスの成績は他のクラスと比べて断トツであった。国語の成績も生徒間の差があまりなく、高得点であった。入学時の生徒の中には学習障害（LD）と思われる子、注意欠陥多動性障害（ADHD）と思われる子もいたようであるが、選択理論的な対応をしているクラスではそのような児童も徐々に変化していく。LDっぽい子も普通の子どものように勉強をするようになった。最後にはそのようなLDっぽい子が「僕は先生のように勉強を教える人になりたい」とまで書くようになった。このクラスを担任した教師は、上質世界という概念を理解していたので、生徒の上質世界

に入ることを意識していた。そしてその子が朝食を食べて来ない子であることを知って、おにぎりをつくってあげたという。その教師は自分が選択理論を知らなかったら、そのようなことも思いつかなかっただろうと言っている。選択理論的なアプローチをしている教師はよく言う。LDはいない。ADHDはいない、と。

5　外的コントロール

　グラッサー (1998 = 2000) は、我々の人間関係をよくするためには、外的コントロールを使わないことが必要だという。外的コントロール心理学は、外側から人をコントロールしようとする心理学である。

　外的コントロールの考え方は、人を変えることができるというものである。呼び出し音が鳴ったら受話器を取るという現象を見て、呼び出し音が受話器を取らせたと考えるのと似ている。多くの場合、呼び出し音が鳴ったから受話器を取るわけであるが、われわれは呼び出し音を聞いても受話器を取らないこともある。通常は呼び出し音を聞いて受話器を取るので、例えば宇宙人がこの行為を見ると、人間という地球人は呼び出し音がすると受話器をとるようだと考えるかもしれない。刺激を与えると反応する。そこには選択はない、という考え方である。よく私たちは「おまえがそんなことを言うからおれは怒ったんだ」というような表現をして、怒る／怒らないも本当は自分が選択できるのに、選択の余地がないかのように思ってしまう。

　カウンセリングをしているときなど、奥さんが「私、そんなことできません」とか夫婦関係のことでおっしゃることがある。「できません」というのは、したくないということなのか、できないということなのかを確認してみると、言っている意味はしたくないということである。それをよく理解してもらうために「じゃ、仮にそれをしたら1億円あげると言われたらどうしますか？」と聞くと、「それなら、します」と言う。つまり、できることなのに、できませんと言う。すなわち、「私たちの行動は私たちの選択である」というのが選択理論である。

　呼び出し音が人に受話器を取らせると考える延長線上に、何かをすること

で人の行動を変えることができるという考えが生じる。人を変えられるということは人も私を変えられる、ということである。教育界は、外的コントロールで満ちていると言えよう。埼玉県のある公立中学校の教師が著書の中で「子どもに自由を与えていては真の教育はできない。子どもの人権を認めていては真の教育はできない。教育というのは本来暴力的なものである」（河上亮一）と言っている。この考え方は、教師は生徒を変えることができるというものである。しかし、生徒が勉強をしないと決めたら、教師でも勉強をさせる方法はないのである。外側から人を変えられるというのは、外的コントロールの考え方である。

6　外的コントロールの極みとも言える事例

　ここに外的コントロールを使った子育ての例を挙げてみよう。ここまでする人はあまりいないと思うが、実際のケースである。ある娘がこう書いている。

　　私は食事中に楽しく笑った記憶が少ない。ただ好きなテレビ番組を見たい一心で、食事はさっさと済ませようと心がけていた。
　　笑わない父の隣で、口数の少ない母はいつも目をつり上げていた。母からすれば、子どもたちが叱られるということは、遠回しに「おまえの教育がなっていない」と言われているようなものだった。「あなたのためだから、あなたのためだから」。本当にそうだろうか。でも、それが母の口癖だった。着つけの資格を持っていた母は、家ではよく着物を着ていた。父に従い、父の言うままにかしずく母は、世間から見れば理想の妻だ。
　　でも、私にとって、そんな理想の妻は理想のお母さんからはかけ離れていた。母が私に求めていたのは、できがよくて礼儀正しい理想の子どもだった。しかし、私は決してそんな子どもじゃない。「あなたのためだから」と繰り返され、学校が終わると毎日のように習い事。習い事に追われていたとしか言えない日々だった。学習塾、

ピアノ、そろばん、公文、習字。父から姿勢が悪いと言われ、なぎなたを習わされていた時期もあった。日本舞踊も習わされそうになったけど、それは私の必死の抵抗でようやく取りやめになった。学校から塾。塾が終わると家での気の重い夕食。夕食が済むと母から「あなたのためだから」と勉強するように仕向けられる。「私の育て方は間違っていない」、そう言って、母は一層目をつり上げる。

ここまでは普通によくある家庭である。ここからがちょっと違ってくる。

　父が仕事で遅いときはまだいい。早く帰ってきているときは、有島武郎の小説を渡される。それを声に出して読むように強いられ、本を丸ごと一冊清書させられる。その30分から1時間の間、決まって父は私の机の後ろで物差しを持って立っている。勉強部屋には、父が物差しで手のひらをたたく音だけがする。「背中が丸まっている」「集中が足りない」、父は何かにつけては物差しを振り上げた。そのたびに私はぴくっと体を震わせる。二の腕、手の甲はいつも赤くはれ上がっていた。私は、監視している父に怒られまいと、ただそれだけを考えていた。普通、子どもは親とコミュニケーションをとりたがるものだ。でも私はいつのまにか、厳格な父となるべく言葉を交わさないようにと心掛けるようになっていた。

　あれは小学校4年生のころだった。そのころ、どうしても友達と見に行きたい映画があった。たしかアニメ映画の白鳥の湖。どうしても行きたいけど、親にお願いしても、絶対に許してもらえない。友達とだけで町に遊びに行くなんてもってのほかだった。そんなことはいわゆる不良のすることだった。でも、どうしても行きたい。その衝動を抑えきれずに、内緒で見に行ってしまった。

　結局、親にばれて、家に戻るなり、母からはさんざん説教、父が会社から帰ってくると父からもこっぴどくしかられてひっぱたかれた。ほおをたたかれる。1回、2回、3回。「何で行っちゃいけな

いの」、泣き叫んで抗議するが、答えるかわりにまた手が飛んでくる。涙のおかげで、父の形相も、私がいる世界も見えなくなった。たたかれている音だけが聞こえる。何でたたかれているんだろう、そればかり考えていた。

　夜、まくらに顔を埋めて泣いた。絶対、中学生になったら家出する。心の中で声にならない叫び声を上げた。

　そしてこの人は家出をしてしまった。飯島愛(2001)さんの『プラトニック・セックス』に書かれている彼女の体験である。テレビドラマ化もされた。
　後ろに立って物差しでバチッっとたたく。そこまでやる人はそういるわけではないと思うが、これが外的コントロールの極みとも言える事例である。親は子どもを自分の思いどおりにできると錯覚している。伝統的な馬の「調教」という感じである。やがて、彼女は家出した。何年も親は自分の娘がどこにいるかわからない状態だった。でも、彼女はたまたま芸能界にかかわることができて、うまくいった方である。芸能界と全然関係のないところで人知れず死んでいっている人たちはたくさんいるであろう。家出して、未だどこにいるかわからないという人も多く存在することであろう。家出の背後には、恐らく外的コントロールがあるのではないだろうか。親の子どもへのかかわり方で、外的コントロールをある程度皆使っているのが現実であるが、このように極みまで使うと、子どもは逃げるしかなくなる。

7　選択理論

　これに対して、選択理論を提唱しているグラッサーの考え方は異なるものである。筆者は現実療法を日本に広めているが、現実療法の理論が選択理論なのである。この選択理論の考え方を身につければ、私たちの子どもとのかかわり方は変わっていく。
　筆者夫婦には3人の子どもがいる。3番目の子育てのときには選択理論的なかかわりをした。叱ったり、怒鳴ったりということがなかった。「叱ったり怒鳴ったりしないで、温室みたいなところで子どもを育てていて、社会に

出たら困りませんか」と言われることがあった。確かに、小学校に上がったときに、すぐに怒る先生が担任になったので、本人は戸惑っていた。そしてあるとき「学校はあそこしかないの」と聞いてきたことがあった。違う学校に行けないかと考えたのであろう。でも、そのうちにこれが現実だというのがわかってきたようだ。最初は友達が叱られるのを見るだけでもびびっていたが、だんだん慣れていった。

講演会などで質問が出ることがある。このような温床のような所で育てると、外に出て対応できないひ弱な子になるのではないかという質問である。そんなときに私はユーモアを込めて、こう答えることにしている。「そうですね。外に出ると批判もされるし、いじめもあるので、その準備のために、家庭で少しいじめておくことにしたほうがよろしいでしょうかね」。もちろん聴衆の笑いを誘う。おかしな理論であることに気づくからだ。

8　7つの致命的習慣と身につけたい習慣

外的コントロールの考え方は、人を変えることはできるということなので、人を変えるために通常使われる習慣がある。「致命的7つの習慣」と呼んでいるものだ。「批判する」、「責める」、「文句を言う」、「がみがみ言う」、「おどす」、「罰する」、「褒美でつる」という習慣である。これらの習慣の一つでも人間関係の中で使っている人は、外的コントロールを使っていると言われる。外的コントロールだという意識をもっていなくても、外的コントロールを使っている。この7つを並べ替えてわかりやすくしてくれた私のクラスの学生がいる。「もん・お・せ・ば・ひ・ほう・が」と覚えておけば順番に、文句をいう、脅す、責める、罰する、批判する、褒美でつる、ガミガミ言う、と出てくる。

夫婦関係も親子関係もそうであるが、私たちが外的コントロールを使わなくなると、ずいぶん変わる。教育関係に従事されている方々の多くは、外的コントロールをしっかり身につけている。親子関係でも子どもを批判したり責めたり文句を言ったりしている。自分の配偶者に対しても同じことをする。その結果よい夫婦関係や親子関係をもてないケースというのはかなりあ

る。グラッサー（1997）は「学校教育の失敗と成功に関する新しい考察」という論文の中で、教師が学校で失敗するのも、家庭で失敗するのも原因は同じである、と述べている。外的コントロールを使っているからだと主張している。学校は外的コントロールに満ちており、それに慣れた教師は家でも家族関係でこの外的コントロールを使い、7つの致命的習慣をしっかり身につけてしまっているというわけだ。もちろん教師の中にも例外はある。七つの致命的習慣を使わないで生徒に接している教師は当然いる。そしてこのような教師は生徒に多大な影響を与えていると考えられる。このような教師がもつ価値観、道徳観は生徒に自然と引き継がれて行くことが多いと思う。

　親子がよい関係でかかわっているときの会話は、すごく充実しているものであるが、よくない関係で育ってしまうと、成人したら子どもは親に会いに行きたいとも思わないであろう。成人した子どもと大人の会話ができるという喜びは、体験しないとわからないかもしれない。

　身につけたい「思いやる7つの習慣」もグラッサーは指摘している。7つしかないと言っているわけではないが、これだけでも実践することで人間関係は豊かなものとなる。致命的七つの習慣しか使っていない人は、口を開けばこれが出てくるので、無口でいるしかないと言われることがある。笑い話のようになっているのが実態である。こういう人は次のような「思いやる7つの習慣」を身につけるとよい。これは「う・ち・は・とうとく・耳は・しん・し」と覚えることもできる。この7つは、受け入れる、違いを交渉する、励ます、尊敬する、耳を傾ける、信頼する、支援する、である。

　夫婦関係の講演会などで、配偶者の批判でよかったというものがあるかを聞いてみると、批判がよかったという人は皆無である。私のささやかな結婚生活でも、妻の批判でよかったと思うものは一つもない。妻も同じことを言うであろう。

　男女の関係は友人である間はあまり批判がない。これが恋人どうしの関係となると批判が出てくる。婚約とともに批判が始まるとも言えよう。また、婚約ではそうでなくても、結婚式を挙げると批判が始まるというケースも少なくない。婚約や結婚式は批判許可証を手に入れるということのようだ。こ

のような関係は早晩結婚を入れる棺桶をつくるようなものである。批判は棺桶に打つ釘のようなものである。立派な棺桶ができあがるであろう。
　教育界には批判がつきものである。教師の仕事は批判をすることと考えている人も多い。ある大学教員は、教育実習の学生さんを指導するときに、一切批判をしない。3つの質問をするだけである。1つ目の質問は、自分のしたことでよかったことは何か。2つ目は、もし同じことをもう一度するとしたら、どこをどのように変えるか。3つ目は、私にお手伝いしてほしいことが何かあるか。この3つの質問だけで、学生を指導しているのである。批判があるところには、恐れが存在する。批判的な雰囲気で創造性は生まれない。ブレーン・ストーミングの大切な点は、出された意見を批判しないことである。恐れのない状況で、思いつくままにアイデアを出して行く。その出されたアイディアの中から実現できるものが見出される。突拍子もないような考えが、大きな可能性をもっていることがある。
　批判的思考は学問の世界では有効であるが、人間関係での批判は命取りとなる。致命的な7つの習慣を使わないだけで、人間関係が豊かになる。

9　叱ることは必要なのか？

　「叱る」という言葉に対して、私は不快な反応をする。新聞報道によれば、母親に叱られるのが怖くて母親の頭に斧を振りおろしたという事件があった。また、非行少年とのかかわりの中で「おやじに叱られたかった」と言ってほろほろと泣くというケースが報告されることがある。本当にその現場で親が叱ったとしたら、ひょっとしたら流血の惨事にまでいたったかもしれない。語彙が少ないためにその少年は「叱られたかった」と言ったのだろう。真の意味は「かかわってほしかった」ということだと思う。もし本当に叱ったら、その際はいろいろな事件が起こる可能性がある。栃木県の中学校で、英語の教師が、遅刻してきた生徒を叱った。そして刺されて死んだという悲しい事件があった。
　今、私たちは「子どもを叱ることができない親が多い」と言い「よその子も叱れるような社会にしよう」と言う。「叱る」という言葉と「怒る」とい

う言葉を区別して、「叱ることは悪いことではない」と言う。しかし、叱る以外の方法を親が身につけたら、事件をもう少し防げるのではなかろうか。叱る代わりに自己評価を促すことを大人が身につけたら親子関係は改善する。親子関係だけではない。職場での上司と部下の関係もそうである。私は個人的には叱る人は好きではない。叱られることも好きではない。間違ったことをしたとしても多くの人は、それなりの理由があって、仕方なかったと考えることが多い。むしろ次はどのようにするかを考える方が生産的である。そんな機会を与えてくれる上司の下で、人は働きたいと思うのではなかろうか。

10　馬の調教も変わってきている

　馬の調教の世界でも、新しい動きがある。伝統的な調教の仕方は、人間は怖いぞ、人間に従う方が安全だということを教えるために、馬の足をロープで結んで引き倒したりする。そしてそのプロセスの中で足を折って死ぬ馬もいる。馬場には黒い十字架と白い十字架がかかっている。黒い十字架は、馬が調教の過程で死んだ数を示している。白い十字架は、調教している人が馬の調教の際に蹴られて死んだ数である。当然黒い十字架の数の方が多い。

　伝統的な調教の仕方は暴力的である。何十年も前に、モンティー・ロバーツ（Roberts, Monty 1996、2001）という人が現れた。ロバーツは3歳ぐらいから馬に乗っていろいろな賞を総なめにした。馬にはどんな形でも乗れるというような特技をもっている。しかし、父親が伝統的な調教の仕方をしているのを見て、何かこれはおかしいと感じていた。こんなに残酷なやり方をしなくても、馬とよくかかわれるはずだとずっと思っていた。そして原野に出て野性の馬を観察した。ロバーツが育った頃は、まだまだ米国内でもアリゾナとかいろいろなところで、マスタングという小型の野生の馬が、群れをなして生活していた。そのような馬の生態を観察したのである。

　ロバーツはたまたま色覚障害をもっていた。色覚障害があると、迷彩色は役に立たない。軍隊ではこのような人材はすごく重宝されるという。私たちが見ると迷彩色は見えにくい。しかし、色覚障害の人には迷彩色でもはっき

り見える。馬は自然の中では迷彩色に近い状態で、自然に溶け込んでいる。しかしロバーツには見えたのだ。

　小馬が何か悪さをしたときに、母親の馬はその小馬を群れの外に追い出す。野生という自然の中では孤立していては生きられない。脅威を感じた小馬は親と和解しなければならない。その馬どうしのやりとりを観察しているうちに、馬の言語が少しずつ理解できてきた。例えば、首を垂れて口が地面につきそうな状態でトットットと歩くことで、話し合いたいという意思表示となる。口をモグモグすることで、あなたと平和な関係になりたいということを示す。草を食むという行為は平和な状態でないとできないことなので、草を食べていないときに口をモグモグさせる仕種は、平和な関係を求めている行為であるとロバーツは理解した。このようにして馬の言語がわかってくると、これまでの暴力的な調教という方法をとる必要がなくなった。ロバーツは、「調教」という言葉を使わないで「ジョインアップ」、つまり「関係を確立」するという言葉を使うようになった。この「ジョインアップ」という方法を大勢の前で見せることもする。馬場で馬を走らせながら、馬にどのような変化が起こるか前もって話し、そのとおりのことが起こってくる。人々はこれを見て、感動する。

　具体的にどのようにするかを簡単に説明しよう。一度も人が乗ったことがない馬を馬場に入れる。円形の馬場を自由に走らせる。あたっても痛くない柔らかい紐を投げかけて、十分走らせる。右にも左にも自由に走らせる。野生というのは野蛮ということではなく、自由であるということだ、とロバーツは言う。馬は馬場の中央に立っている彼の言葉に耳を傾けている。馬の耳は常に中央の彼に向けられている。やがて走っている円が小さくなり、口をモグモクさせ、首は口が地面につきそうなほど下に向き、うなだれて走るようになる。この変化を確認してから、モンティは馬の目と自分の目を合わせていた目線を外して、背中を馬に見せる。すると馬は近づいてきてロバーツの背中を口で押す。彼はゆっくり振り向いて、鼻筋を撫で、たてがみを撫でる。ジョインアップの瞬間である。この後馬はロバーツについて馬場を歩くようになる。関係が確立したのだ。

Roberts（1997）は、父親に自分のやり方を見せる前に、まず父親の友人に見てもらった。みごとに馬との関係が成り立って、一度も人を乗せたことがない馬に乗ることができるようになった。30分もかからなかった。しかし、父親の友人はロバーツに「お父さんには言わない方がいい」と言った。父親の性格をよく知っていたのであろう。

　その後何年か経過して、彼はやっぱり父親に見てもらおうと思って父親に見せた。これからどういうことが起こるかということをあらかじめ説明しておき、そのとおりに馬が行動し、ジョインアップの瞬間も見せた。そして馬の背中に初めて人が乗るところを見せた。それも30分以内に成功させた。父親の側から言えばみごと「調教」に成功したと言える状態であったが、父親は怒って「おれはおまえにこんなことを教えたか」と言って、そばにあった鉄の鎖でロバーツに殴りかかった。彼は気を失い、病院に担ぎ込まれるという事件になった。今だったら虐待である。また逮捕もありうる傷害事件であるが、当時はそんな事件にならなかった。彼は父親とのかかわりをよいものにしようと思いながら、いつも父親とかかわれなかったという経験をした。父親の晩年、恐らく75歳を超えていたであろう。再び父親に自分のジョインアップ手法を見せたのであるが、父親は受け入れなかったという。

　しかしながらこのロバーツのジョインアップ手法は、全世界に知られていき、イギリスのエリザベス女王の前でデモンストレーションをするまでに至った。まだ皇太后がご存命の頃にデモンストレーションをお見せしたところ、皇太后が彼のところにやって来られて「私はこんなに美しい光景を見たことがありません」と言われた。そして目に感動の涙が浮かんでいたと彼は述べている。

　ロバーツのもとにはシャイボーイと名づけた若い馬がいて、BBCのドキュメンタリーで収録され放映された。このシャイボーイを野生に放って帰ってくるかという試みを追ったものだ。恐らく伝統的な手法で暴力的に調教された馬なら帰ってこないであろう。ジョインアップ手法でかかわった馬に違いがあるのだろうか。大勢の人たちは帰ってこないと断言した。やがて野生の馬の群れが見つかり、シャイボーイは放たれた。すぐに群れに溶け込んで

遠くに行ってしまった。ロバーツは毎晩シャイボーイの帰りを待った。そして彼も諦めかけた頃だった。シャイボーイが彼のところに帰ってきたのだ。野生の馬がジョインアップ手法で人を背中に乗せるようになり、その後野生に帰されたにもかかわらず人間のもとへ帰ってきたのだ。

　筆者はあまり競馬には詳しくないのであるが、ゴール直前の疾走中に馬に乗っている人が鞭打つ場合と、鞭打たない場合があるのではないだろうか。馬の足が互角の能力であるなら、鞭打たない馬の方が勝利するのではないだろうか。ロバーツによると鞭を打たれた馬は痛みを感じたときに、速度を少し落とすようである。

　ジョインアップは、映像として記録されているので、見ることができる（Roberts 1996）。馬ですら暴力を使わずに、強制を伴わずに関係が成り立つことが見られるのだから、感動ものである。馬ですらそうなのだからまして人間であれば、暴力や強制、外的コントロールを使わずに、よい関係をもてるのではないだろうか。馬の性質と人間の性質を比較して、馬だからできるが人間にはできないという意見もあるであろう。しかし、知ってほしいことは、暴力や強制が中心であった馬の調教方法に替わり、別の優しい方法があることがわかったように、人間の教育でも暴力や強制に替わる、別のもっと有効な優しいやり方があるはずだということである。グラッサー・クォリティ・スクールは、教育界でこれが実際使われて、成功している例である。馬にも人にも優しい方法は有効である。

11　基本的欲求の疎外とそこから生じる犯罪
　2004年6月1日（日）佐世保で、11歳の女の子が小学校で殺人事件を起した。事件をいろいろ調べてみると、彼女はバスケットボールをやっていた。ところが親に「バスケはやめなさい」、「中高一貫の学校の受験をするように」と言われた。
　もちろんバスケをやめさせられた人が皆事件を起こすわけではないが、この子の場合、先ほどの基本的欲求のどの欲求が満たされていなかったのであ

ろうか。まず「自由の欲求」が満たされていない。本当はバスケをしたかったのに、「バスケはやめなさい」と親から指示された。彼女の自由は疎外された。彼女のバスケの仲間とすごす時間は当然減った。「愛・所属」の欲求は満たされなくなった。体重に言及する「重い」という言葉を友人に言われて、「力の欲求」も「愛・所属」の欲求も満たされなくなった。基本的欲求のバランスは崩れた。基本的欲求がバランスよく満たされないときに、人間の頭脳は非常に創造的になる。その創造性があるときは殺人事件になったり、あるときは自殺のような行為になったり、あるときは精神障害のような結果になってしまう。

　もう一つ事例を挙げよう。2000年5月3日、17歳の青年によるバスジャック事件が起きた。この青年は精神病院に入院していて、外泊許可を得たときに事件を起こしている。この青年が自宅に閉じこもっていたときに、親はずいぶん悩んでいた。親が読んだ本の著者（精神科医師）に相談したところ、入院させた方がよいと言われた。そして本人を説得できないまま強制入院となった。それまでのか細い親子関係の糸もこれでほぼ切れてしまった。「愛・所属の欲求」は満たされなくなった。入院した精神病院で「自由の欲求」は満たされない。「力の欲求」も満たされない。「楽しみの欲求」も満たされない。基本的欲求のすべてが満たされなくなったときに事件は起こった。外泊許可をもらった青年は、バスジャックすることを思いついた。彼の頭脳が創造的になった結果である。

　事件の後、自分よりも少し先に2000年5月1日高校生が見知らぬ人の家に入り込んで住人を殺害したという豊川主婦殺人事件が起きていた。この報道と自分の事件とどちらが大きく報道されているかをしきりに気にしていた。「力の欲求」に関するものと想像できる。健全な形で「力の欲求」が満たされなくなったときに、不健全な形での満たし方を考える。それがこの青年の場合にはバスジャック事件だったのだ。そして大きく報道されることを期待していた。小事件よりも大事件の方が世間の注目を集め、不健全ながらも「力の欲求」は満たされるからだ。

　グラッサーは精神科医である。精神疾患の治療に取り組むときに、うまく

いっていない人間関係、特に重要な人との人間関係をよいものにする、修復することで精神障害を癒すことができると主張している。精神科医でありながら、一度も向精神薬を使ったことがないと言っている。

グラッサー（1965 = 1975、1969 = 1977）が最初にコンサルタントとしてかかわった学校が、ベンチューラ・スクール・フォー・ガールズという、カリフォルニアのベンチューラというところにある教育施設であった。ここは罪を犯した女性が収容されている更生施設の中に設けられた学校だった。

この学校の女の子たちが変わっていった。最初にグラッサーがかかわったときは再犯率90%であった。再犯率90%というのは10人出ていったら9人帰ってくるということである。そのような状況で、グラッサー博士がかかわっていった。当時の現実療法は、責任の概念を教えて、その責任を彼らの肩に投げかけるというやり方だった。結果的に再犯率は20%にまで低下した。グラッサーはこの女の子たちとかかわることによって、新しいことをいくつか発見するようになる。

一つは、罪を犯して収容されていた女性たちは非常に頭のいい子たちだった。しかし成績は悪く、学校では落伍者になっていた。そこで、落伍はさせないという教育をしていったら、その子たちがどんどん勉強していくようになったのだ。今の学校の評価方法について、グラッサーは問題を感じているという。つまり、A／B／C／D／Fという5段階の評価方法で、落伍者にはfail（失敗）を意味するFをつける。罪を犯した女性たちは、頭のいい子たちであるにもかかわらず、皆悪い成績をつけられていたというのである。

私たち夫婦が運営していたグループホームで、中学校を出て高校にゆく子や、中学2年生の子を預かることがあった。彼らの成績は、ほぼオール1。5段階評価で最低の評価である。

1をつけられた子どもたちの気持ちは、教師にはわからないであろう。教師になるような人は1をとることはほとんどない。1をつけられたら、何をくそと頑張るかと思うと、どうもそうではないようだ。1をつけられたら、何をしてもしなくても1はつくということで1を維持する。つまり、勉強し

ない状態が続いていく。しっかり勉強しても1がつくなら、勉強しないで1がつく方が自分には受け入れられることである。

12 「できる」というレベルを確認する

　グラッサー（1990 = 1994、2000 = 2001）は、「コンピテンス・ベースド・クラスルーム」（ＣＢＣ）という概念を紹介している。例えば分数はできる、何桁の掛け算はできる、できる、わかるという段階まで勉強を続けていく。つまり、そこに到達するまでは点をつけない。できたということがわかれば、試験をする。その試験もオープンブック、オープンノートである。ほかの人のものを見てもいいし、相談してもいい。ただ、「できた」とやってきた生徒の力を確認する。「君、本当にできるということを示してくれるかい」、「どうやってこれを解いたか説明してくれるかい」と、解き方を聞いてみる。すると本当に力がついているかどうかがわかる。どうもまだ理解していないなというレベルであったら、もう少しちゃんと説明できるように、もう一度、もう少し時間をかけてやってみてくれるかい、と生徒に言う。このように、できるレベルに到達してから先に進む。グラッサーは、このようなＣＢＣという方式を提唱している。

　グラッサーは、期限が来て結果が出るのは刑務所と学校だ、と言っている。懲役の年数が来たら、更生の内容がはかばかしくなくても、刑務所を出所する。学校も6年が来たら、学んだか否かにかかわらず卒業する。CBCは学んだ内容を確認して進級していく仕組みだ。

　ハンティントン・ウッズ・スクール（ミシガン州ワイオミング市）は米国で最初のクオリティー・スクールとして認証された公立の小学校である（Ludwig 1997）。この学校は他校よりも成績がよい。州のアチーブメントテストで国語の平均が49.5点のときに83.2点を獲得した。算数では州の平均が60.5点のときに85.3点をマークしている。CBCはできるレベルになったら先に進むという仕組みになっているので、底上げの成績となる。クラスの成績は州平均と比較して上位である。

　この学校は複学年制をとっている。幼稚園の年長、小学校1、2年で1ク

ラス単位、3年〜5年で1クラス単位となっている。一つのクラスに3学年が混じっている。さらにこの1クラス単位を2つ合わせて一つのクラスにしている。教師はこの合同クラスに2人いることになる。さらに、助手が2人つく。1クラスに教師が4人いるので個別指導ができる体制があり、落ちこぼれ対策は万全である。一斉授業が普通の日本では、このような方法は考えられない。しかし落ちこぼれをなくすには個別指導がベストである。

13 自己評価か他人の評価か

　学校でも普通の親子関係でも、自己評価をどこまで徹底してやるかが重要だと思う。文科省も自己評価の重要性については指摘しているが、徹底して求めてはいないようだ。教師を管理職が評価する制度というのが導入されているが、自己評価の重要性を強調するなら他人の評価を導入するのは問題である。大学基準協会が大学評価に自己評価をベースにして、それを第3者が点検する仕組みをつくっているが、これはかなり有効な方法である。ただし、このような仕組みを正しく理解しないで評価システムを構築して、上司が部下を評価するというやり方には問題がある。人間関係を損うことが多いし、客観的な評価も期待できない。

　グラッサーが自己評価をなぜこれほど重要視するようになったのか。日本のクオリティー・コントロール（QC）という領域で大きな貢献をしたエドワーズ・デミングの影響が大きい。デミングがグラッサーの選択理論に触れたとき、「我々が知らずにやっていたことは選択理論そのものだった」と気づいた。それを知ってグラッサーはびっくりした。日本製品を「メイド・イン・ジャパン・ナンバーワン」にすることに貢献したデミングが、選択理論と同じものを実践していたというのだ。産業界で上質を追求して成功するのだったら、教育界で上質を追求して成功しないはずはないと考えた。ここからクオリティーの追求を教育界でするアイデアが生まれてきた。こうして『クオリティー・スクール』という本が書かれた（グラッサー1990＝1994）。『クオリティー・スクール』は、デミングが企業で上質を追求したように、教育の現場でクオリティーを追求して行くことについて書かれている。

デミングは、評価について重要なことを言っている。「人は他人を評価してはならない」という言葉だ。グラッサーは、デミングはひょっとして自分が言ったことの重要性に気づいてないかもしれないが、これはすごく重要なことだと言う。そしてそれ以来自己評価をさらに徹底するようになった。グラッサーは、教育の中でも自己評価を徹底するし、カウンセリングの中でも自己評価を促すことをしている。
　デミングの教える14ポインツは日本ではあまり知られていない（柿谷正期 1996）。ノルマはない方がいい。数値目標はもたない方がいい。仕入れるときには安いところから仕入れるというのではなく、一貫した仕入れ先を確保する、上司と部下の隔たりをなくす、等々を挙げている。ところが日本ではこれらのことは教えられていないし、忘れ去られている。デミングは自分の考えは日本で歪められたと言っている。デミングの貫いた姿勢は、選択理論的なものであった。「上質な物をつくれ」とただ号令をかけてできるものでない、ということを知っていた。一人ひとりが上質なものをつくるのにはどうしたらよいかを考えてつくるときに、初めて上質なものができるのである。内発的動機づけが鍵である。

14　指示や叱責の前に自己評価を促す

　カウンセリングというのは、いくつかの要素が入り交じって進められるが、もしこの選択理論をベースにしたカウンセリングがどういうふうに進んでいくかということを誤解を恐れずに、簡単に述べると、そこには5つの要素がある。R・W・D・E・Pというふうに並べることができる（Wubbolding 1988）。Rというのは、リレーション（Relation）で、関係づくりである。関係づくりがうまくいっているとき、初めて先に進めるわけであるから、まず関係づくりが重要である。教師がもし数学を生徒に教えたいと思うなら、生徒の上質世界に教師が入ってなければならない。よい関係が成り立っていなかったら、教育もできないわけである。よい関係ができていて、生徒が教えてほしいという状況であれば、学びはスムーズに進む。自分が尊敬している先生、大好きだと思っている先生から教わる場合に、いちばんよく学習でき

るはずである。したがって、教科を教える前に教師がしなければならないことは、関係づくりである。選択理論用語を使えば、子どもの上質世界に教師を入れてもらうことである。

カウンセリングでも大切なことはまず関係づくりである。カウンセリングというのは45分か50分程度の間に全部やらなければいけない。その人が何のためにカウンセリングに来たのかというW、ウォンツ（Wants）を確認する。R・W・D・E・PのWはウォンツ（願望）である。私は通常カウンセリングで、「今日、どういう状態で帰ることができたらいいと思ってここに来られましたか」と聞く。また、私の役割がはっきりしなくなったら、「私にどんなことをしてほしいですか」と聞く。つまり、その人のウォンツは何なのかをよく確認する。

次に、その人がどういうことをしているか、ドゥーイング（Doing）、これを確認する。そして、Eがエバリュエーション（Evaluation）である。自己評価を促すことである。今自分のしていることをやり続けると、得たいと思っているものが得られるのかと聞く。そして次にPのプラン（Plan）である。

例えば、子どもとのやりとりでR・W・D・E・Pをどのように展開するかということの一例を挙げてみよう。私たちの次男が中学2年生のときに、あまり勉強していなかった。家では勉強しなさいということは言わないようにしていた。かといって勉強について全然触れないというわけではない。外的コントロールにならないように子どもと勉強の話をする必要もある。もちろん関係のいいときでないとできない。まず関係のよいときに子どもにWを聞いた。「君は高校に行きたいのかい？」と。そうしたら、「行きたい」と言うのである。Wははっきりしている。「どの高校に行きたいの？」と聞いたら、「大磯高校」と答えた。私たちは神奈川県の大磯に住んでいて、近くに県立の大磯高校というのがあった。それで大磯高校と聞いたときに、私の頭の中で「行けっこないだろう、勉強もしていないのに」という思いがよぎった。それを口にすると批判になってしまうので、口にはしない。頭の中だけのことだ。ここで通常のカウンセラーだったら「そう、大磯高校に行くためにどんな勉強をしているのだい、毎日どんな取り組みをしているの」とドュ

ーイングを聞くであろう。でも、親なので、子どもがしてないのを知っている。そこは聞かないで、Eのエバリュエーションの質問をする。私はこういう質問をした。「今の勉強の仕方で大磯高校に入れそう？」と質問したのだ。すると子どもが「入れない」と言った。子どもはよく知っている。子どもが先に自己評価したわけだ。「お父さんもそう思うよ」と言った。子どもの自己評価の後で言う場合は問題ない。そこで、私はさらに関係づくりになる言葉として、「お父さんも力になりたいと思うから、してほしいことがあったら言いなさい。塾に行きたいというのだったら協力するし、家庭教師をつけてほしければそれも協力するよ」と。それで話は終わった。「勉強しなさい」とまだ言っていない。しかし、勉強についての話はできている。子どもは自己評価を促されたわけだ。

　「何だ、おまえは勉強もしないで」というような叱り方でなく、自己評価を促す方がよい。自己評価を促されたときに、子どもはこれから自分がやろうとすること、あるいはその時自分がやったことを吟味できる。自己評価を促されることで、道徳的に許されることかどうかということがわかってくるのではないだろうか。

15　人格教育

　グラッサー(2002)は、「キャラクター・エデュケーション」（人格教育）に触れた小冊子を出している。「The Glasser Quality School – A New Approach To Character Education」。アメリカでは、キャラクター・エデュケーション（人格教育）に取り組むことによって連邦政府から助成金が出る。私たちの学校ではこういうようなキャラクター・エデュケーションをしようと思うと申請をして、助成金をもらうのである。この小冊子の中でグラッサー博士は、外的コントロールを排除すること、もう一つは、成績のつけ方、先述したＡＢＣＤＦのような成績のつけ方はキャラクター・エデュケーションにはよくないと言っている。それから7つの致命的習慣を使わない（先述の、批判する、責める、文句を言う、がみがみ言う、脅す、罰する、褒美でつるということ）。そして、キャラクター・エデュケーションの中核になるのは、こ

の選択理論と黄金律だと言っている。

　黄金律というのは、新約聖書のマタイによる福音書の7章に出てくる「自分にしてもらいたいと思うことは、ほかの人にもそのようにしなさい」という言葉である。聖書を読まない人でも、黄金律（ゴールデンルール）というのはだれでも知っている。この選択理論と黄金律を教えること、つまり、自分がしてほしくないことはしないし、してもらいたいと思うことをするということがキャラクター教育である。

　教師が生徒の立場に立って、こういう成績のつけ方でよいかどうかを考えて、今の成績のつけ方は問題だと感じたとする。自分にしてほしいと思うことを人にするということは、教師が生徒の立場に立ったら、変えなければならないことがあることに気づく。自分が生徒だったらこんなことはしてほしくないと思うような取組みを、教師の立場に立てばしているわけであるから、当然変えなければならないということになる。

　身につけたい7つの習慣がある。身につけたい7つの習慣として、「受け入れる」、違いがあったら「違いを交渉する」、「励ます」、「尊敬する」、「耳を傾ける」、「信頼する」、「支援する」がある。生徒が7つの致命的習慣を使わないで、むしろ身につけたい7つの習慣を身につけていく。そういう子どもたちが育っていくということは、これこそまさにキャラクター・エデュケーションということになる。

　グラッサーは、この小冊子の中で、さらにスクーリングの排除ということを言っている。教育でスクーリングといえば、その場所に行って授業を受けることである。グラッサーがいうスクーリングというのは、実生活に役に立たないようなことをやらせることを意味している。教育というのは、知識を暗記することではなく、知識を使うことだと主張している。知識を使えるようになって、初めて世の中に役に立つのである。

　グラッサーが言いたいことは、選択理論を教えることがキャラクター・エデュケーションだということである。7つの致命的習慣を使わない人間関係はずいぶん違うものとなる。相手の基本的欲求を邪魔しないで、自分の欲求を満たすことが「責任」であると教えることは、それ自体がキャラクター・

エデュケーションである。

16　子育ての結果は孫を見るまでわからない

　私たちが子どもを育てるときに、私たち夫婦がどういう関係であるかが重要である。道徳心あるいは道徳観を育むにおいて、その子の親の夫婦関係は、重要だと思う。父親と母親がいつもけんかをしているような状態で道徳心を育むというのは非常に難しいことだと思う。父親が子どものためにできるいちばんよいことは、子どもの母親を愛すること。母親が子どものためにできるいちばんよいことは、その子どもの父親を愛することだ、と言った人がいる。このような夫婦関係を求めることに尽きるのではないだろうか。

　最初に私が触れたように、子育ては、どういうやり方でやろうがその子がたまたまうまく育つということがある。例えば昔、石原慎太郎（1969）さんはスパルタ式で子どもを育てたと本に書かれたことがあった。スパルタ式で育つ人もいるであろう。しかし、そのように育てられた人が自分の子どもをどのように育てるのだろうか。スパルタ式でたまたまうまく育つこともあり、スパルタ式では反抗する子どももいる。自分が育てられたように育てて失敗することもある。親への反動で育てても成功するとは限らない。どのように育つかは未知数である。「子育ての成果は孫を見るまではわからない」という私の持論は、私の人生でまだ証明されてはいない。

文献

Glasser, W. 1965, *Reality Therapy* New York: Harper & Row. グラッサー, W., 1975『現実療法』真行寺功訳　サイマル出版会.

Glasser, W. 1969, *Schools without Failure,* New York: Harper & Row.（佐野雅子訳　1977　落伍者なき学校　サイマル出版会）

Glasser, W. 1990, *Quality School* New York: Harper & Row（柿谷正期 訳 1994 クォリティ・スクール サイマル出版会）

Glasser, W. 1997, "A New Look at School Failure and School Success" *Phi Delta Kappan,* April, pp. 597-602（柿谷正期・寿美江　共訳 1997 学校教育の失敗と成功に関する新しい考察　http://www.choicetheorist.com/new_teach.html）

Glasser, W. 1998, *Choice Theory: A New Psychology of Personal Freedom*. New York: HarperCollins Publishers.（柿谷正期 訳 2000 グラッサー博士の選択理論 アチーブメント出版）

Glasser, W. 2000, *Every Student Can Succeed* Calif: Black Forest Press （柿谷正期 訳 2001 あなたの子どもが学校生活で必ず成功する法 アチーブメント出版）

Glasser, W. 2002, *The Glasser Quality School A New Approach To Character Education* William Glasser Inc.

飯島愛 2000, プラトニック・セックス 小学館

河上亮一 1999, 学校崩壊 光文社

柿谷正期 1988, しあわせな夫婦になるために いのちのことば社

柿谷正期 1996, クォリティ・スクール（2）現実療法研究 現実療法学会（現日本選択理論心理学会）第3号 p.p.3-10

柿谷正期 2001, 理想の学校を実現するには—選択理論によるクォリティ・スクール— 西村和雄編「本当の生きる力」を与える教育とは 日本経済新聞社, p.p.233-270

石原慎太郎 1969, スパルタ教育 光文社

Ludwig, S.A. & Mentley, K.W. 1997, *Quality is the Key* Michigan: KWM Educational Services, Inc.

Roberts, Monty 1996, *Join Up* [VHS] Monty & Pat Roberts, Inc.

Roberts, Monty 1997, *The Man Who Listens to Horses* New York: Random House, Inc.

Roberts, Monty 2001, *Horse Sense for People* New York: Viking.

Wubbolding, R. 1988, *Using Reality Therapy* New York: Harper & Row （柿谷正期 訳 1998 リアリティセラピーの理論と実践 アチーブメント出版）

教育における評価とモラル

第Ⅲ部　教育評価のあり方

第7章 測れるもの、測れないもの
―「評価」の限界を問う

倉元 直樹

1．「評価」に対する違和感

　昨今、評価が流行っている。はやっているという表現は必ずしも適切ではないのかもしれないが、何かにつけて評価をする機会、評価を受ける機会が多くなっている。それはそれで時代の要請であって仕方がないのだと感じながらも、どうにも違和感を覚えることが多い。もちろん、以前から評価は存在していた。学校の中だけに限って言っても、小学校時代から日常的に小テストを受けてきたし、通信簿もあった。運動会では3位以内でゴールすれば賞状がもらえた。中学生になると、定期試験や学力テスト、模擬試験と、評価を受ける機会は格段に多くなった。もちろん、入試もあった。しかし、現在行われている評価はそういった類の事柄をはるかに超えた広がりに及んでいる。例えば、以前はもっぱら評価を行う側だった教員も様々な場面で評価の対象となっている。学校自体も評価されている。大学も例外ではない。授業評価から業績評価に至るまで、大学教員を評価する仕組みも広がっている。さらに、大学そのものが外部の公的な第三者機関による評価を受ける決まりとなっている。

　実は、違和感の原因は自分の中では比較的はっきりしている。それは、一事が万事「『評価』というものは（簡単に）実行できるものだ」ということを暗黙の前提にして話が始まってしまうことにある。言い換えれば、現在広がっているような多種多様な場面で行われている「評価」と総称される行為の中に、「評価には目的があり、その目的に沿った評価を実現するには、それ

相応の技術や方法が必要だ」という発想が欠落している。あえて、より感覚的、情緒的な表現を用いれば、評価システムを導入しようとする側に評価という行為に対する畏怖の念が感じられない、ということだ。

「人を裁くな。あなたがたも裁かれないようにするためである。あなたがたは、自分の裁く裁きで裁かれ、自分の量る秤で量り与えられる」とは、新約聖書のマタイによる福音書第7章第1節〜第2節にあるイエス・キリストのいわゆる山上の説教（ないしは、山上の垂訓）の一節である（共同訳聖書実行委員会 1987）。「裁く」という表現を「評価する、評価基準」と言い換えても、語呂は悪くなるが意味はそう変わらない気がする。そう捉えてみると、歴史の荒波にもまれ、時代を超えて繰り返し繰り返し人の心に上り、その中からさらに生き残ってきた言葉の凄みを改めて感じる。「人を裁くな」とは、非常に鋭く、怖い言葉ばだと思うのである。評価は映し鏡のように自分に返ってくる。もし、それが刃のように人を切りつけて傷つけるようなものであれば、評価する側は返り血を浴びる。いや、それだけでなく、即座に刃が返ってきて自分自身を切りつけ、傷つけることになる。そう警告されているように響く。

その上、「量る」という言葉は言い得て妙である。「自分の量る秤で量り与えられる」とは、昨今、盛んに行われている評価なるものの本質を突いた、含蓄に富んだ表現だと感じるのである。よほど慎重に考えた結果として行うのでなければ、評価という行為はいわば神の領域を侵していることになるのかもしれないとさえ感じさせられる。

人によって定義や語感が異なるのかもしれないが、基本的に評価（evaluation）と測定（measurement）ないしはアセスメント（査定；assessment）は、それぞれ微妙に守備範囲が異なる概念だと言えるだろう。例えて言えば、今、「評価」と呼ばれている行為には、「測定」と「アセスメント」の材料がさじ加減なく加えられ、それぞれの味わいがごちゃごちゃにかき交ぜられている。その結果、最終的に、どれほど腹が減っても食欲が湧かないようなグロテスクな料理に仕上がってしまっている。

「評価」には価値が含まれる。むしろ、積極的に価値を定めることである[1]。

しかし、評価の主体や方法がどのようなものであるかということには、限定はない。評価する主体が違えば、矛盾する評価結果が並立することは、十分にありうる。例えば、私とあなたがAという人物の性格を評価するとする。結果的に「私とあなたとでAに対する評価がまるで違う」というようなことは、十分に起こりえる。私はAを「社交的で好ましい」と思ったとしても、あなたは「でしゃばりだから嫌いだ」と思うかもしれない。あるいはそれ以前に、私はAを「社交的」と思ったとしても、あなたは「Aは人前では無理をして明るく振舞っているが、実は人見知りなのだ」と考えるかもしれない。前者はAに関して同じ事実を共有しながら、どのような要因に価値を置くかによって判断が異なることを示している。後者は評価の対象となる事実そのものが異なるがゆえに、異なる評価結果が生み出される例えである。

　それに対して、「測定」という言葉にはずっと客観的、即物的な肌合いが感じられる。測定とは何らかの方法で評価の対象となる性質を定量化する行為である[2]。基本的にその中に価値は含まれないし、含まれるべきでもない。ただし、測定の技術には巧拙がある。対象となる性質を上手に捉え、合理的な数値で表現されている測定結果もあるし、そうではない場合もある[3]。同じ観点、同じ方法で同じ対象に行われる測定は、原理的には同じ結果をもたらすべきであるが、安定した結果をもたらす測定方法もあれば、およそギャンブルとしか言えないような、不安定な測定もありうる[4]。測定というのは、本質的に技術的な問題である。測定の主体が誰であるかということは、本来的には問われない。

　一方、「アセスメント」という言葉には、評価や測定とは異なるニュアンスが含まれている。すなわち、権威ある立場の者が何らかの決定を行うために行う審査が、通常、「アセスメント（ないしは、査定）」と呼ばれている[5]。アセスメントはそれを行う主体と目的がはっきりした行為である。個人が個人の立場として誰かの行為に対して査定を行うことはない。何らかの決定をするために、その決定に権限や責任をもつ主体が行う審査がアセスメントと呼ばれる行為になる。すなわち、上から下に向かって、何らかの決定を下す行為の根拠資料をひねり出すのが、アセスメントである。

人が個人の立場として何かを評価するときには測定というプロセスを経る必要はない。例えば、Ａさんが「Ｂさんはよい人だ」と感じたとして、それも評価の一種と考えるとすると、ＡさんがＢさんの行動を精査して計量し、他と比較して総合的に評価結果を下しているわけではない。さらに、それはアセスメントではない。「人がよい」という評価結果に基づいてＡさんがＢさんと親しくなろうと考えたとしても、それはあくまでも個人的な行為であって、Ｂさんの処遇にＡさんの権限が及んでいるわけではない。

　そのように整理してみると、昨今、はやっている「評価」とは、本質的にはその権限がある者が何らかの決定、行為を行ったり、誰かの処遇を決めるための「アセスメント」にあたる行為なのだと考えられる。査定結果には当然のことながら説明責任（accountability）が伴うので、「測定のプロセスを経て定量化された数値[6]」を用いて結果を導き出しているのだ、という基本的な構図が見えてくる。

　評価という名のアセスメントが流行るのは、何かにつけて配分できるリソースが限られてきている今の時代の要請であって、それはそれで必要とされるものなのだろう。社会心理学的な公正研究によれば、公平な配分の規範には衡平（equity）、平等（equality）、必要（need）という３つの原理があるとされている（Deutch 1975）。平等の原理は人数で頭割りをするだけなので、配分されるリソース（具体的には、お金や地位など）の総量と人数さえわかれば簡単に実現できる。しかし、能力や貢献に応じた衡平の原理やニーズに応じた必要の原理で、限られたリソースを配分しようとするならば、必ず、能力や貢献、ニーズといったものの査定を行わなければならない。例えば、要介護認定を行って、介護サービスの量を決めるには、介護の必要性のアセスメントが必須となる。入試や企業体の人事採用は、衡平の原理によって行われるものであり、学習能力や職務遂行能力のアセスメントが必要となる。権威者による査定結果がそのまま受容されるような環境でなければ、少なくとも、一見客観化された形で結果が示されることが、査定を受ける当事者の納得性を最も高める手続きということになるだろう。すなわち、このような文脈によって、評価と総称されているアセスメントには、何らかの測定行為が

介在する必要が生じてくると思われるのだ。

　「評価」という言葉の意味を広く捉えるならば、評価とは、知らず知らずのうちに個人のレベルで日常的に行われている行為であり、誰もがそれなりに行うことが可能な行為である。一方、「測定」は、ある種の技術を用いて、定型的な手続きに沿って行われる行為である。それにはそれに相応しい水準のテクニックを備えていることが必要だ。また、測定を行うには、必ずそこに費やされるコストが伴う。また、測定の結果として示される値はコンパクトで、一見、わかりやすいように思われるかもしれないが、数値には測定の目的やプロセスは示されない。どの程度の技術水準で何を目的に行われた測定なのか、結果として示される数値だけから読み取れる保証はない。そして、今、評価という呼び方で流行しているのは、実際にはアセスメント（査定）を目的とした「測定に類する行為」なのである。

　評価という名のアセスメントがはやる一方、何のための評価なのか、肝心の目的が判然としない場合も多い。さらに、その評価の手段となっている測定の技術水準とコストが意識も認知もされていない。したがって、「測れるもの」と「測れないもの」の区別がないままに、とにかく「評価（実は、査定）しなければならない」という状況だけが先走って生まれてしまっている。さらに、怖いことに、元来は価値中立的であるべき測定結果として表された数値や記号が必要以上に力を発揮し、誰かの運命や価値を定めることに使われてしまう。そこに現在の「評価」を取り巻く問題の本質があると思われるのだ。

2. 測定の品質評価——テスト・スタンダード

　残念ながら、測定という行為に、そのバックボーンとなる理論と技術が存在するという事実は、一般に広範に知られていることではない。測定の理論や技術は必ずしも汎用的なものとは言えない。それぞれの文化で価値観や習慣が違うので、測定の理論を一律に現実の行為にあてはめることは難しい。そのような事実を一般に紹介し、初めて我が国における測定行為そのものの

品質評価の指針を示したのが「テスト・スタンダード[7]」である（日本テスト学会　2007a）。

　そもそも、「日本テスト学会」とはどのような団体であるのか、簡単に紹介することとする。日本テスト学会は「現時代に即応したテスト技術に関する研究者を育成し、科学的基礎と教育的理念に裏付けられた新しいテスト法の考え方と評価技術の研究開発・実用化、産官学を交えた共同のインフラ作りと社会的コンセンサスの構築、国内外の評価技術関連情報の収集・提供を目的に2003年5月23日に設立された団体」である（日本テスト学会　2003a）。初代理事長の池田央立教大学名誉教授は、わが国における心理測定論研究の第一人者の一人であり、会員は大学に勤務する理論家から企業で日々テストにかかわる業務を遂行している実践家までの幅広い層からなっている。その活動の一環として「評価技術[8]の適用に関するガイドライン（orベストプラクティス）の提案と作成」、「評価技術に関する問題意識とその重要性を認知してもらうための普及啓蒙活動」が位置づけられている（日本テスト学会　2003b）。テスト・スタンダードは、そのような中から生まれてきた日本の社会的な文脈に即した「評価技術」の指針である。もちろん、わが国では初めての試みであり、どれほどの完成度かについては議論の余地もあるだろうが、机上の理論にも偏頗せず、はたまたただの実践活動の寄せ集めでもなく、理論と現実のバランスを取りながらつくり上げられた指針という意味では、評価の時代のメルクマールとでも呼ぶべき存在なのではないだろうか。

　テスト・スタンダードは大別して「基本条項」、「基本条項の解説」、「テストの使われ方Q&A」の3つの部分で構成されている[9]。そのうち、基本条項が最も大切な骨格であり、他のパートはそれを可能な限り具体的にわかりやすく説明する役割を担っている。基本条項は全部で51の項目からなり、それらは「0. 序」、「1. 開発と頒布」、「2. 実施と採点」、「3. 結果と利用」、「4. 記録と保管」、「5. コンピュータを利用したテスト」、「6. テスト関係者の責任と倫理」の6つの章に分類されている。一般的に「テスト」と呼ばれるものの中でも、多くの人を対象として大規模に実施されるようなものが典型的な

対象として想定されているが、テスト・スタンダードの守備範囲はそれに限られたものではない。「0.2 テストの定義」には、「本規準で対象とするテストとは、能力、学力、性格、行動などの個人や集団の特性を測定するための用具であり、実施方法、採点手続、結果の利用法などが明確に定められているべきものである。したがって、本規準は心理学的なテスト、学力・知識試験はもとより、行動評定、態度評定などの評定手法、調査のほか、構造化された面接、組織的観察記録にも適用され得るものである」とされている（日本テスト学会　2007a）。

また、「0.3 テスト規準の対象領域」には「本規準は、すべての領域のテストを対象とする。すなわち、教育機関における選考、評価、指導、企業などの組織における選考、人事評価、能力開発・指導および資格認定、臨床診断、カウンセリング、各種ガイダンス、公共的施策決定など、多様な領域のテストのすべてを対象とする」とある（日本テスト学会　2007a）。すなわち、個人に対して、その人が持つ何らかの特性を測定することに該当する行為は、すべてテスト・スタンダードの対象となる。個人ではなく集団を評価の対象とする機関評価やプログラム評価のようなものまで対象に含めて考えるべきかどうかということについては、人によって見解の相違や議論の余地があるかもしれない。しかしいずれにせよ、評価のプロセスの中に個人の何らかの特性を測定する行為が含まれていれば、当然、それはテスト・スタンダードの対象に該当する。

評価に関する議論が整理されにくい背景には、議論の基盤としてよって立つべきコンセンサスを得られた測定に関する品質基準が存在していなかったことがある。否、より正確に思うところを表現するとすれば、その必要性の意識すら存在してこなかったことがある。テスト・スタンダードは、そのような中で、少なくとも一つの判断のよりどころとなるものである。

3. テスト・スタンダードと全国学力・学習状況調査[10]

そこで、テスト・スタンダードの視座から具体的に評価の事例を取り上げ

て、本来、吟味されるべき検討課題を洗い出すことを試みる。すなわち、評価という言葉に未分化に内包されてしまっているアセスメントの目的と、その手段として用いられている測定行為によって導き出された結果がもたらす波及効果、さらに、測定技術の水準の関係性の問題を具体的に検討してみたい。試みに素材として俎上に載せるのは、「全国学力・学習状況調査」である。

1　全国学力・学習状況調査概要

　全国学力・学習状況調査（以後、原則として、通称である「全国学力調査」と表記する）とは、2007（平成19）年度から導入された、現在のわが国における唯一の公的な全国規模の学力アセスメントである。初年度から毎年、4月下旬に全国国公私立の小学校6年生と中学校3年生を対象として、毎年実施されてきた。国公立ではほぼすべての学校が参加してきたが、私立校では初年度は60％強の参加にとどまり、さらに年々減少して3年目の2009（平成21）年度の調査では50％を割り込んだ。実態から見るとやや中途半端に見えるが、原則的にはすべての子どもたちを対象とした悉皆調査を狙ったものである[11]。

　調査目的には以下の3点が挙げられている（文部科学省　2007）。

1. 国が全国的な義務教育の機会均等とその水準の維持向上の観点から各地域における児童生徒の学力や学習状況をきめ細かく把握・分析することにより、教育及び教育施策の成果と課題を検証し、その改善を図る。
2. 各教育委員会、学校等が全国的な状況との関係において自らの教育及び教育施策の成果と課題を把握し、その改善を図るとともに、そのような取組を通じて、教育に関する継続的な検証改善サイクルを確立する。
3. 各学校が各児童生徒の学力や学習状況を把握し、児童生徒への教育指導や学習状況の改善等に役立てる。

　全国学力調査は、教科を単位としたコンセプトでテスト・バッテリが構成されている。導入時から現時点まで、実施教科は国語と算数（小6）・数学（中

3）である。それぞれ、「知識」の調査を目的とした「A」の問題と、「活用」の調査を目的とした「B」の問題という2種類の調査冊子を用いて調査が行われてきた。すなわち、全国の当該学年の子どもたちが、一斉に、ある特定の日に特定の同じ問題に解答する、という基本設計となっている。さらに調査問題に加えて、生活習慣や学習環境等に関する質問紙調査に回答することになる。結果的に全国のほとんどの中学3年生と小学校6年生、それに担当となる教師たちが、春の貴重な1日をすべて費やして、このために精力を注入することになっている。文部科学省の公表資料や各種報道などによれば、2007（平成19）年度の実施には約77億円、2008～09（平成20～21）年度にはそれぞれ約58～60億円の費用が投入されてきた。全国の小中学校の教員や児童生徒がこれに費やす時間、労力を考慮すれば、実施費用のみでは表しつくせない、たいへんな巨大プロジェクトである。

　全国学力・学習状況調査は、いわゆる「学テ闘争[12]」を経て1965（昭和40）年を最後として中止され、その後、主として支持的理由によって極めて実施が難しくなってしまった全国的な学力アセスメントを43年ぶりに復活させたという点で、非常に特筆すべき出来事であったと言える。しかも、

　　学力や学習環境等の状況をきめ細かく把握し、教育施策や指導の改善につなげることを目的とするものであり、市町村間、学校間の、序列化や過度の競争をあおるものではありません。

とされている（文部科学省　2007）ことから、約半世紀前の学テ闘争の悪夢の繰り返しは避け、調査を実のあるものにしたいという意図が感じられる。あれだけの巨費とエネルギーを投入しての実施であるから、当然と言えば当然であろう。

　それでは、全国学力調査は評価という名のアセスメントのモデルとして、手放しに賞賛してよいものだろうか。実は、テスト・スタンダードに照らし合わせると、様々な問題が次から次へと吹き出してくるのである。それは、主として測定という行為に対する無理解からくるものであり、今、流行して

いる多くの「評価」に共通する問題だと考えられるのだ。

2　テスト・スタンダードに基づく全国学力・学習状況調査の検討

　テスト・スタンダードの冒頭に掲げられた第 1 章「1. 開発と頒布」にはテストの開発及びそれが広範に行き渡ることが想定されるようなものの場合には、その頒布にかかわる 15 の条項が示されている。全国学力調査は特定の目的を掲げて開発されたテストであり、全国の小中学校に頒布されている。まさしく典型的にテスト・スタンダードにあてはまる事例なのである。なお、ここでは「教科に関する調査」に限定して検討を加える。もちろん、「質問紙調査」に問題がないという意味ではないが、限られた紙面において議論の焦点が拡散することを恐れるためである。

1．全国学力・学習状況調査の基本設計

　テスト・スタンダードの第 1 章の最初の条項は「1.1 テストの基本設計」である。テストには基本設計が必要である。言うまでもないことなのだが、実際には測定が行われる場面で、基本設計がどの程度真剣に意識されているのか、はなはだ疑問に感じられることも多い。「1.1 テストの基本設計」には、「開発者は利用目的や場面にあわせて、測定内容、測定形式、実施方法・手続、結果の利用方法、適用を想定する対象者の範囲などを明確に定め、基本設計を行う（日本テスト学会　2007a）」とある。逆に言えば、目的から手続きまできちんと設計されたものでなければ、評価の材料として供する測定に値しないと言っていることになる。

　全国学力調査の場合、その目的は明確である。第一の目的は「国」が主体となっている。「教育及び教育施策の成果と課題を検証し、その改善を図る」とあることから、国が行っている教育政策の成果に対し、「自らが客観的な調査を行って、その結果に基づいて教育政策の有効性を査定する」という宣言と受け取ることができる。このような調査目的を教育政策立案を担っている側が自ら設定し、実行に移したということは、おそらく画期的な出来事である。行政機関が結果責任を負うのだ、という姿勢の表明として、高く評価

されてよいのではないかと思われる。もしも、「評価」のシステムが十全に機能するならば、教育政策の改善サイクルが格段に円滑になることが期待される。

　ただし、目的として掲げられた理念がいかに優れた崇高に響くものであっても、ハードルはその先に存在する。目的を達成するためのその具体的な方法、手続きの問題である。第1の目的の中の「各地域における児童生徒の学力や学習状況を<u>きめ細かく把握・分析</u>することにより……」（下線筆者、以下同じ）という部分に、実は、難しい問題が潜んでいるのではないかと感じられるのだ。国の行政機関が一人ひとりの子どもたちの状況を「きめ細かく把握・分析」することはできない。日本は約1億3,000万人の国民を抱える大きな国である。それは、人数の問題から考えて、実行不可能である。しかし、実行可能性だけが問題ではない。仮に、それが幾多の障壁を乗り越えて実現されたとしよう。もし、そうなったとすれば、それは高度な管理社会であり、監視社会の到来ということになる。国家の役割として、主権者たる国民からそのような状況は望まれるはずもない。したがって、個々の児童生徒の状況の把握は国の役割ではない。それは、学校現場で、日々、子どもと向き合っている教師の仕事である。

　それでは、行政機関の立場として「きめ細かく把握・分析」しなければならないのは何だろうか。それは、「学力・学習状況」の総体をカバーしている多様な教育課題の全体的な達成状況と言えよう。すなわち、教科教育の中で育成されるべき幅広い具体的な項目内容である。もちろん、こういった調査で明らかにすべき「学力・学習状況」の項目内容とは具体的に何を指すのか、という意見の一致をみることが困難なテーマに関する議論を経ていく必要はあるだろうが、小中学校で育成されている「学力の範囲」の全体的な達成状況こそが、国によって「きめ細かく把握・分析」されなければならない内容だと考えられる。

　そうすると、国語、算数・数学のみの分野に限定し、全国一律にすべての児童生徒に同じ問題を解かせることで得られる情報とは何なのだろうか。テストで得られる情報は、基本的には個々の設問でカバーしている内容の集積

にすぎない。調査で出題される設問の数をさほど多くはできない以上、そこから得られる情報は極めて貧弱な内容にならざるをえない。今でさえ、丸1日という子どもにとっても教師にとっても貴重な学校の時間、何十億という貴重な予算を費やしている悉皆調査である。調査項目をさらに増やし、教育行政の成果を検証するために必要となる十分な領域をカバーした情報を集めていくことは可能だろうか。問うも愚かである。

　次に掲げられている目的は、各教育委員会、学校が主体となっている。「各教育委員会、学校等が<u>全国的な状況</u>との関係において自らの教育及び教育施策の成果と課題を把握し、その改善を図るとともに……」（下線筆者）とある。もしも、「全国的な状況」というのが「知識」、「活用」といった分野別の冊子ごとの単なる平均点等を指すのであれば、そこに含まれている情報が乏しい現状では、意味のないことだろう。むしろ、有害ですらありうる。本来、ここでも求められるのは、具体的な教育改善の基礎資料となるようなより詳細な教育内容の分析結果ということになるのではないだろうか。

　3つ目の目的は各学校が単位となっている。「各学校が各児童生徒の学力や学習状況を把握し……」とある。まず、「児童生徒の学力や学習状況を把握」するために全国学力調査が必要なのだろうか、という疑問が湧いてくる。もちろん、テストでわかることはある。よくできたテストならば、個々の児童生徒の相対的な実力差はかなりわかる。しかし、個々の子どもの状況を把握するためのツールとして、テストはあくまでも単なる補助的な手段にすぎない。基本的に、テストというのは、限られた時間から可能な限り効率よく個人の情報を取り出すための手段である。逆に言えば、個人を知る手段としては、方法を限定した極端に限られた情報ソースなのである。百歩譲って、全国学力調査の結果から、個々の児童生徒の学力・学習状況に関して何らかの有益な情報が得られるとしよう。その場合には、フィードバックのスピードが命である。子どもは日々成長し、変化する。もし、問題が見つかったとしても、すぐに対応すれば、しばらく経つと問題は解消しているかもしれない。逆に、問題発見の情報が遅れれば手遅れとなってしまうかもしれない。毎年4月下旬に実施された調査の結果のフィードバックには、数ヶ月が費やされ

ている。初年度には9月公表予定が10月にずれ込んだ。その後、多少早くなったが、2年目、3年目も公表は8月末である。全国で200万名を超える受験者の答案を短期間で採点して集計し、フィードバックするのは極めて難しい。どのような工夫をこらしても、画期的な期間短縮は絶対にできない。まして、コンピュータによる自動採点が不可能な記述式の問題形式を含む限り、それは事実上不可能である。

　テスト・スタンダードに照らし合わせると、全国学力調査には、そもそも測定技術の面からみて基本設計を行うことが不可能となるような、矛盾した目的が掲げられてスタートしたものだ、という事実が見えてくるのである。

2. 「活用」とは何か

　テスト・スタンダードの第1章の2番目の条項である「1.2 測定内容の定義と構造化」では、「開発者は、測定しようとする能力、学力、性格、行動などの特性を明確に定義し、それが表現できるような適切な尺度を構成する。なお、測定しようとする特性が複数の下位の特性で構成される場合は、その構造を明らかにし、それらも測定できるように複数の下位尺度を設計する（日本テスト学会　2007a）」とある。測定内容は明示化され、構造化されていなければならない。しかも、適切な尺度が用意されていなければならない、というわけである。

　尺度（scale）とは何を意味するのか、という問題は非常に大切だが、それにかかわる議論を十分に展開するには紙面が不足する。涙をのんで諦め、ここでは測定内容に限定して考えを進めてみたい。

　先述のように、全国学力調査は測定内容としては「知識」と「活用」の2つのパートに分かれて構成されている。「知識」というのは比較的わかりやすい。子どもたちが学校で習わなければならないこと、例えば、主として学習指導要領で規定されている具体的な項目から、そういった内容を習得しているのかどうかということを内容的にカバーし、それらを測定する調査問題を作成して集めていけばよい。

　それでは、「活用」とは何だろうか。例えば、国立教育政策研究所（2010a）

によれば、

1．知識・技能等を実生活の様々な場面に活用する力などにかかわる内容
2．様々な課題解決のための構想を立て実践し評価・改善する力などにかかわる内容など

とされている。「など」が連発されており、「かかわる内容」という表現が何を指すのかわからない。表現が曖昧で結局何のことだかよくわからないということが最初の問題点である。より本質的なのは、「実生活の様々な場面に活用する力」、「課題解決のための構想を立て実践し評価・改善する力」とは何なのか、ということである。

　大前提として、学校という場所はそもそも世間とは切り離された、特別に保護された空間の中で、公的に学ぶことが必要だと考えられる知識・技能・文化を子どもたちに伝授する機関として存在している。そうでなければ、何のために学校が存在するのか、わからなくなる。もちろん、付加的な要素として、教員と子ども、子どもたちどうしのつながりの中から人間関係、コミュニケーションといったことを学ぶことも学校の大切な役割である。しかし、それだけを目的にするのであれば、なにも学校という場を用意する必要はない。

　さらに、テストという場面はそれに輪をかけて「実生活」とはかけ離れた時空間である。「課題」という言葉が意味する内容が、いわゆる普通の「テスト問題」ということでなければ、子どもたちがテストを解いている時空間で「構想を立て実践し評価・改善」するような課題に直面できるわけがない。そのような力を測定しなければならないとすれば、それは、日常生活の中で教師が個々の子どもを観察した上で多角的に情報を集め、総合的に「評価」を下すべき事柄であろう。テストという人工的な場面の中で測定することができると考えることの方が、私には理解しがたい。まして、「実生活の様々な場面」、「課題解決」の場面を漏れなくピックアップし、限られた問題数で十分に取り上げ、カバーできるのだろうか。途方もない試みのように思われ

る。
　評価という行為のもつ意味、測定の技術的限界を省みず、なにが何でも評価をすべきだという状況がつくり上げられていることによる悲喜劇が、ここに如実に現れているように思われる。リアルに具体的な場面を目前に思い浮かべると、ほとんど滑稽な感覚すら浮かんできてしまう。とてもとても、額面どおりのことが行われているとは受け取れない。しかし、評価を受けている当事者である子どもたち、その状況を準備する先生方のことを考えると、もっと切実に受け止めなければならないのだと思う。彼らにとっては、他にやるべきことを差し置いてまで優先的に取り組まなければならない重要な事柄として出現しているのだから。

3．よう子さんは何を考えなければならなかったのか？

　ここまでの話は、テストが全体としてもたなければならない機能についての議論であった。それに対して、テスト・スタンダード第1章の3番目の条項である「1.3 質問項目の設計」は、個々の設問、質問項目にかかわる条項である。「質問項目の作成には、測定内容に関する十分な知識はもちろんのこと、その内容を測定するにふさわしい質問形式や表現についての十分な知識と経験が必要である。開発者は、質問項目作成のための手引を用意する。また、質問項目は回答者が質問の意図や回答方法を正しく理解できるよう明快で統一のとれた表現を用いる」（日本テスト学会　2007a）というのがその内容である。ここでは、一つの設問を取り上げて、具体的に考えてみることとする。
　測定内容の定義に無理があると、どうしても個々の設問にも無理が生じてくる。以下の設問は、2009（平成21）年度小学校第6学年算数B（活用）からの抜粋である[13]。

　よう子さんたちは、港博物館に行くことにしました。
　(1)　よう子さんたちは、バスに乗って港博物館に行きます。下の表は、乗車するバス停の時刻表の一部です（時刻表省略）。このバス停には、

午前 9 時 40 分に集合します。港博物館までは、バスで 20 分かかります。午前 10 時 20 分までに、港博物館に着くためには、午前何時何分に発車する予定のバスに乗ればよいですか。その時刻をすべて書きましょう。（正答：午前 9 時 45 分、午前 9 時 55 分）

この設問には「港博物館行き時刻表」として、午前 6 時台から 11 時台までの 18 本のバスの発車予定時刻が掲載されている。さらに、「よう子さん」を表すイラストの吹き出しの中に、よう子さんのセリフとして、以下のような内容が記載されている。

朝いちばん早いバスは、午前 6 時 10 分です。その次のバスは、午前 6 時 40 分です。

報告書（国立教育政策研究所　2010b）によれば、この問題の「出題の趣旨」は、

日常の事象を数理的にとらえ、次のことができるかどうかをみる。
・条件を考慮して筋道を立てて考えること。

とされている。さらに、分析概要として、以下のようなコメントが記されている。

○設問(1)の正答率は、40.0％である。条件を考慮して筋道を立てて考えることに課題がある。

この例には、設問レベルの測定技術に関して考えさせられる多くの材料が含まれているように感じられる。なるべく調査目的である「活用」の定義にしたがって、可能な限り「知識・技能等を実生活の場面に活用」し、「課題解決のための構想を立て実践」することを心がけて、この設問への解答を考えてみることにしよう。

第7章　測れるもの、測れないもの　159

　まず、小学校6年生の生活の中でバスの時刻表というものが何を意味しているのかという問題である。現代日本の通常の環境で生活している成人であれば、時刻表とは何なのか、どのような用途に使われるものなのかは知っている。日常的に見慣れたものである。もちろん、電車やバスをほとんど利用しない生活をしている人もいるだろうが、時刻表というものを知らない人は、基本的には例外と考えてよい。しかし、小学校6年生ではどうだろうか。大都市に居住し、自宅から離れた私立小学校や塾、おけいこごとなどに電車やバスなどの公共交通機関を使って通っている子どもたちにとって、時刻表は毎日目にするものであり、生活になじんだ普通の存在だろう。しかし、それ以外の子どもたちにとっては、日常生活で普通に接するものなのだろうか。もちろん、中には自発的に電車やバスの時刻を調べて行動をした経験がある子どももいるだろう。中には「時刻表マニア」もいるかもしれない。しかし、そういった機会や興味がない子どもの中には、時刻表なるものの存在について、この設問で初めてそれとして意識した、という者もいるのではないだろうか。まして、田舎に行けば、遠くに行くには家族か身近にいる大人が運転する自家用車に乗せてもらうしかない。日常生活の移動手段として公共交通機関は存在しないに等しい生活もある。「時刻表」というものが何を意味するものかわからない子どもは、この設問を目の前にしてどうするのだろう。それが最初に浮かんだ疑問である。

　すべての小学校6年生が時刻表というものを知っているかどうかということは、ここでは解決がつかない問題なので、知っていることを前提に次に進もう。次の問題は、この設問で提示されている「条件」とは何か、ということである。設問文には「このバス停には、午前9時40分に集合します。」とある。これはどういう状況なのだろうか。港博物館に行くのは学校行事であり、引率の先生がいて決められた集合時刻までに皆が集まらなければならないのだろうか。それとも、休日に子どもたちが自分たちで港博物館に遊びに行く約束をして、この時間帯にバス停に集まろうという設定なのだろうか。港博物館には全員揃って同じバスに乗っていかなければならないのだろうか。それとも、バス停までは早めに行って、引率の先生に出欠をチェックし

てもらい、先に港博物館に到着して遊んでいてもよいのだろうか。そういう状況については何も説明されていない。学校行事であれば、時間管理は厳格に行われるだろう。プライベートであれば、学校よりはルーズになっても不思議はない。子どもたちはそれぞれの生活感覚に従って、「実生活の場面」を思い浮かべるのだろう。

　いずれにせよ、どうも、示された正答から考えるに、子どもたちは「９時40分に港博物館へ行くメンバーがバス停まで全員集まり、全員が揃ってバスに乗らなければならない決まりになっている」ということを、この設問に提示された短い文章から読み取らなければならないようだ。遅刻者が出た場合にどうするべきかについては、設問文には何も示されていない。９時40分より前に発車する最後のバスは９時25分となっている。それまでには全員が揃うことはないという前提もあるようだが、そのことにも触れられていない。子どもたちは、以上のような隠された条件を作題者の意図に沿ってこの設問の文章から正確に汲み取ることを要求されているのである。

　私自身が時間を守ることが苦手な人間なので大変恐縮なのだが、小学校の生活指導の中には時間に関する自己管理が含まれていることだろう。小学校時代には、決められた時刻の５分前に完了していることを目安として行動を起こす「５分前行動」というような指導をされた経験もかすかに記憶に残っている。現在の学校文化が著しく変わってしまって、遅刻などに関して一切気にしないようになっているならば話は変わってくると思うが、まじめな子どもたちには「時間に余裕をもって行動しなさい」という指導は行き渡っている。都会に暮らしていれば、渋滞は日常的に発生する。むしろ、バスというものは、時刻表どおりに来ずに遅れることの方が普通になっているという状況も想定できる。もし、日常生活と結びつけて状況をリアルに思い浮かべ、遅刻をしないための「構想」を立てたとすれば、「午前10時20分に港博物館に到着するためには９時55分発のバスに乗るのでは遅すぎるかもしれない。時刻表では20分かかることになっていても、渋滞に巻き込まれたら間に合わない」。そう考えても何の不思議もないだろう。そうすると、９時40分に全員が揃っているのであれば、９時55分発のバスを待つ必要はない。

当然、9時45分発のバスに乗ることにするべきだ。しかし、日常生活では洞察に富んで先見の明があると思われるこの判断は、この設問では誤答と判定されてしまうのだ。

　あるいは、休日に皆で遊びに行くことにしている状況を思い浮かべるとする。一緒に皆と博物館に行く友だちの中には時間にルーズな子も混じっているかもしれない。10時20分に到着するバスよりもひとつ前のバスに間に合う時間で約束をしたとしよう。いつものとおり、その友だちが集合時刻に遅れることを考えておいたので、最初から9時45分のバスに乗るつもりはない。しかし、それは想定の範囲内である。ただ、集合時間に間に合わなかったとしても、いくらなんでも15分も遅刻することはないかもしれない。あるいは、そのくらいの時間の余裕があれば、その友だちの家まで呼びに行くことができるかもしれない。だから、「9時40分集合の約束をしておけば、10時20分までに港博物館に到着する最後のバスである9時55分発のバスには乗れるだろう」。そう考えて、9時55分発のバスを選んだ「友だち思い」の子どもがいたとする。しかし、この設問ではその子の判断も、また、誤答とされてしまうのだ。

　さらに、よう子さんが「朝いちばん早いバスは…」と言っていることが混乱に拍車をかける。通常、日本の学校教育で用いられている算数や数学の問題には、解答を導き出すために過不足のない情報が盛り込まれている。すべての条件を有効に利用したときに、初めて正解に到達することができ、与えられた情報を十分に利用できなかったり、勝手に余計な条件をつけ加えたりすれば正解することはできない構造になっている。算数教育、数学教育の分野には素人なので単なる誤解かもしれないが、受験する側としてテスト問題を解いていた経験から考えると、これは極めて大切な暗黙のルールであり、しかも、教育効果が高いものであった。すなわち、自分の導き出した解答について、それが正解だと確信がもてるものであるのか否かは、問題の条件を精査することによって判断することができたからである。もちろん、過剰な情報が与えられて、その中から必要な条件だけを選んで使わなければならないといったタイプの問題もありうるのだろうが、そのような構造の問題は格

段に難易度が高くなる。学習すべき内容が、自分の中にかなりはっきりと定着した段階でなければ、とうてい、太刀打ちできない。おぼろげな理解から、明確に理解した状態に移行するためには、条件が過不足なく与えられた練習問題を数多く解いていく経験が必要であった。今の子どもたちの算数教育がどのようになされているか熟知しているわけではないので、単なる思いこみなのかもしれないが、普通の算数の問題に慣れた子どもたちにとって、よう子さんのセリフに正解へのヒントが隠されていると受け取られた可能性があるのではないだろうか。全員が揃って同じバスに乗らなければならない、という明示されていない暗黙の条件を外せば、「問題文にはいろいろと書いてあるが、先生は朝6時10分の始発の時刻にはバス停で待っていてくれて、先生に言っておけば先に港博物館に行っていてもよい」という解釈も成り立つかもしれない。たしかにこの解釈には無理がある。しかし、そうとでも考えなければあのセリフの存在は意味がわからない。

　あるいは、あのセリフは時刻表というものを初めて目にする子どもに対して、その意味を理解させようとするための説明文だったのかもしれない。しかし、テストに際して初めて時刻表なるものを目にしたにもかかわらず、限られた解答時間の中でそのような内容を瞬時に悟ることができる小学6年生が、果たして存在するのだろうか。

　もちろん、いずれの解釈にもそれなりに無理があり、それなりに合理的ではあるが、全体としては荒唐無稽である。しかしながら、出題者側が意図する正解に到達するためには、問題文の中に文章化されていない暗黙の前提を読み解かなければならない。それは「実生活の場面」と何の関係があるのだろうか。「実生活の場面」に即して「課題解決」を考える限り、正答とされている状況もこれらの解釈と同程度か、それ以上に荒唐無稽なのではないだろうか。

　正答率40.0％が出題した側の想像を超えて低いものであったとするならば、それは設問の表現の方に致命的な欠陥があったことは明白である。「質問項目は回答者が質問の意図や回答方法を正しく理解できるよう明快で統一のとれた表現を用いる（日本テスト学会　2007a）」というテスト・スタンダー

ドの言葉を真摯に受け止めてほしい。少なくとも、時刻表とは何かといった説明や、「全員揃ってバスに乗らなければならない」、「全員が9時25分より前に揃うことはない」、「バスは必ず時刻表とおりに運行され、遅れを生じることはない」云々…といった、あらかじめ明示されていなかった条件をきちんと設問に書き込む必要がある。ただし、そういったややこしい説明を付加した設問に変えるならば、この設問で提示される「条件」は明確になるだろうが、それを正確に読み解くために相当高度な読解力が要求されることになる。いったい、この設問は、出題の趣旨に沿った何を測っていることになるのだろうか。だいたい、この設問は「算数」の問題と言えるのだろうか。

　もしも、入試問題としてこのような設問が出題され、正答率などの面で想定された機能を果たしていなかったとすれば、この設問は単に「悪問」と片づけられるだけである。運が悪ければ、槍玉に挙がって、批判や非難の対象となるかもしれないが、とにかくそれだけの話である。ところが、「全国学力調査」という看板の下で出題されると、事態は全く違う方向に向かってしまう。この設問の正答率を受けて、「条件を考慮して筋道を立てて考えることに課題がある」というのが、分析概要に示された講評である。すなわち、解答した子どもたちの方に問題があることにされてしまっている。さらに、「学習指導に当たって」というようなアドバイスまで付加されている。なんと、指導する教師の側にも問題があることになってしまっているのだ。

　もし、私が小学校の教師で、この調査で成績を上げなければならないというプレッシャーにさらされていたとすれば、子どもたちに何を教えることになるのだろうか。とりあえず、必死に時刻表の存在を教え、その読み方を教えようとすることになるのだろうか。それが、「活用」の能力を上げる指導ということになるのだろうか。

4. 結果の解釈

　この調子で51ヶ条からなるテスト・スタンダードの各条項を適用して全国学力調査について検討を加えていくと、いくら紙面が与えられてもきりがなくなってしまう。そこで、最後に第3章「3. 結果の解釈」から、最も重要

だと考えられる２つの条項を取り上げ、それを中心に全国学力調査が与える社会的影響について触れてみたい。

「3.1 テストの趣旨や尺度の性質の理解」には、「テスト利用者は、利用に先立ってテスト設計の意図、尺度得点の意味、テスト結果の解釈法などを理解しておかなければならない（日本テスト学会　2007a）」とある。さらに「3.2 拡大解釈の防止」には、「テスト利用者は、テスト開発において想定された受検者層の範囲を超えて実施しないように、また、テストの手引で指示されていない過剰な解釈をすることがないよう留意する（日本テスト学会　2007a）」とある。

「3.1 テストの趣旨や尺度の性質の理解」の解説には、「テストは、その目的や利用場面に合わせて設計される」とある。全国学力調査の基本設計には、実際には実現不可能な目的が含まれている。したがって、結果を解釈しようとする側が全国学力調査の設計の意図を理解しようとしたとしても、全国学力調査の場合には、テスト結果が何を意味するのかそれ自体がはっきりしていないことになる。「3.2 拡大解釈の防止」には、「テスト結果を解釈する際には、尺度得点には**測定誤差**が含まれることを考慮すべきである。テストの結果が数値で表されると、その数値が絶対的なものとみなされ、<u>本来は本質的に意味のない小さな差であっても、それが不当に強調されたり、それによって序列化されたりすることがある</u>（日本テスト学会　2007a）」という一節がある。

全国学力調査の結果が発表されて以来、その話題の中心は平均点の都道府県順位であり、市町村ごとの平均点を開示すべきかどうかという議論であった。例えば、実施２年目の 2008（平成 20）年度の調査結果に関して、橋下徹大阪府知事が情報開示請求に応じて「全国学力テストの教科ごとの市町村別平均正答率を請求者に部分開示した」ことがニュースになっている（河北新報社　2008）。さらに、実施３年目に入っても、全国学力調査に対する関心の持たれ方は一向に変わらない。2009（平成 21）年８月 28 日の朝日新聞の紙面には 2009（平成 21）年度調査結果から都道府県別の平均正答率（公立学校）の一覧表がデカデカと載り、第１面には都道府県別平均点順位に触れた記事

が掲載されているのである（朝日新聞東京本社　2009）。

　繰り返しになるが、全国学力調査の「調査の特徴」には、「学力や学習環境等の状況をきめ細かく把握し、教育施策や指導の改善につなげるための調査であり、序列化や過度の競争をあおるものではない」（下線筆者）とされていることを確認したい。確かに、公式見解としては、「各都道府県（公立）の状況については、平均正答率を見ると、20年度同様、ほとんどの都道府県が平均正答率の±5％の範囲内にあり、ばらつきが小さい」（国立教育政策研究所、2009a）ということなのだが。3年連続して秋田県が都道府県別順位のトップに位置しているというのは誰もが知っている有名な話である。しかし、どれほどの人たちがテスト・スタンダードの存在を知り、第3章「3. 結果の解釈」の各条項を前提として、そのような事実を受け止めているのだろうか。

　この件に関して、これ以上、記述することは差し控えることとする。いや、正直な気持ちを吐露すれば、もはや、何か言おうとする気力が湧かない。発すべき言葉を失うしかない、という心境である。

4．再び「評価」について思う

　改めて聖書の言葉を思い起こしてみる。「人を裁くな。あなたがたも裁かれないようにするためである。あなたがたは、自分の裁く裁きで裁かれ、自分の量る秤で量り与えられる」。（共同訳聖書実行委員会　1987）果たして、全国学力調査とは、現在、盛んに行われている「評価」という行為の中で、飛び抜けて水準の低い、例外的に問題が多いものなのだろうか。全国学力調査の関係者には申し訳ないが、もし、そうであってくれれば少しはホッとできるような気がする。私には全国学力調査だけが特別にひどいとは感じられない。だから、なおさら憂鬱なのだ。

　評価は否応なくついて回る。評価しなければならない場面、評価されなければならない場面、それらすべてを避けることはできない。多くの場合、人の何らかの能力や特性を測る方法を開発することは可能なのかもしれない。

その目的と測定されているものの定義が明確であるならば。しかし、人の価値を測ることは不可能である。いや、人の価値を測ろうとすることは、試みてはならないことなのだ。測定される内容は限定されなければならない。そして、評価はその範囲の中でのみ、有効に機能する可能性がある。

測れるものと測れないもの、その境界を意識し、測ることに対して畏れを抱くこと。測れないものにあえて踏み込まぬように自戒すること。それは人として欠くべからざる「道徳」の礎と言えるのかもしれない。

最後に答のない問いを発して本章を終わりたい。「道徳」は測れるのだろうか。

注
1 現代学校教育大事典（安彦他編 2002）によれば、「評価」とは「一定の価値基準、言い換えれば価値の上下関係の基準に基づいて価値判断をし、価値づけることを言う」とされている。
2 現代学校教育大事典（安彦他編 2002）によれば、「測定」とは「ある一定の規則のもとで個々の対象（被験者、モノ、事象など）に対して数値を与える手続きのこと」とされている。
3 心理学的測定論の分野では、妥当性（validity）という用語で定義されている概念がある。
4 心理学的測定論の分野では、信頼性（reliability）という用語で定義されている概念がある。
5 現代学校教育大事典（安彦他編 2002）によれば、「アセスメント」は「測定や評価とほぼ同義の言葉であるが、特に公害の測定など、施設や何らかのイノベーションを導入することに伴う結果、そして副次効果をあらかじめ『予測』するときに使われる用語である」とされている。
6 結果が数値で表される場合も、「A、B、C、D」などの段階で表される場合もあるが、議論の本質は同じ。
7 正式名称「テストの開発、実施、利用、管理にかかわる規準」。
8 「評価技術」は、「測定」と言い換えてもよいと思われる。評価技術という言葉は、おそらく、測定という言葉が一般になじみが薄いために選ばれた用語なのであろう。
9 そのうち、「基本条項」および「基本条項の解説」は学会ホームページで公開されている。（日本テスト学会 2007b）。
10 本章と類似のテーマですでに上梓されているものとして、「テスト・スタンダードからみたわが国の全国学力調査の条件」（倉元 2008）がある。テスト・スタンダードの

観点から日本の全国学力調査について論考している点では同じであるが、同書が、いわば、有効に機能すると考えられる「あるべき全国学力調査」の構想を提案しているのに対し、本稿では平成19 (2007) 年から実際に実施されている「全国学力・学習状況調査」を評価の具体的な事例として取り上げ、評価の限界に関する論考を試みている。

11 なお、本章を執筆している2011 (平成23) 年1月現在においては、2009 (平成21) 年8月31日の総選挙の結果を受けて、自民党と公明党の連立政権から民主党を中心とする政権に交替したために、同党の選挙公約に従って、2010 (平成22) 年度以降は抽出調査とするなどの変更が行われた。

12 「学テ闘争」とは、戦後の教育制度の下での経験主義教育によって引き起こされたとされる学力低下問題に対して、文部省が児童生徒の学力実態を把握することを目的として1956 (昭和31) から導入した全国的な学力調査に対し、日教組が激しく反対して政治問題化した歴史的事件。学力調査を実施しようとする教育委員会側と阻止しようとする日教組側で激しい争いが生じて各地でトラブルが続き、訴訟に発展した。各都道府県教育委員会や学校が平均点を上げようと懸命になり、学力コンクール化したことも問題の一つとされる。「平均点が低いのは本県の恥」などと発言した県知事もいた (以上、主として、安彦他編 (2002) の「学力テスト反対闘争」による)。

13 問題の実物を無断で複写し、掲載することは禁じられているので、本章にとって必要な部分のみを引用した。

文献

朝日新聞東京本社2009, 朝日新聞13版、2009 (平成21) 年8月28日金曜日.

安彦忠彦・新井郁男・飯長喜一郎・井口磯夫・木原孝博・児島邦宏・堀口秀嗣編2002, 新版現代学校教育大事典 (全7巻)、ぎょうせい.

Deutch, M. 1975. "Equity, equality, and need: What determines which value will be used as the basis of distributive justice?", *Journal of Social Issues*, 31, p.p.137-149.

河北新報社2008, 河北新報、2008 (平成20) 年10月17日金曜日.

国立教育政策研究所2009, 平成21年度全国学力・学習状況調査の調査問題について調査問題の内容 [小学校] 算数B. http://www.nier.go.jp/09chousa/09mondai_shou_sansuu_b.pdf (最終閲覧日2011 [平成23] 年1月12日).

国立教育政策研究所2010a, 調査結果のポイント.http://www.nier.go.jp/09chousakekka/houkoku/index.htm (最終閲覧日2011 [平成23] 年1月12日).

国立教育政策研究所2010b, 平成21年度 全国学力・学習状況調査 【小学校】調査結果概要 http://www.nier.go.jp/09chousakekka/02shou_chousakekka_

houkokusho.htm（最終閲覧日 2011［平成 23］年 1 月 12 日）.

倉元直樹 2008,「テスト・スタンダードからみたわが国の全国学力調査の条件」, 荒井克弘・倉元直樹編『全国学力調査－日米比較研究－』金子書房、p.p.204-228.

共同訳聖書実行委員会 1987,『聖書　新共同訳－旧約聖書続編つき』日本聖書協会 .

文部科学省 2007，平成 18 年度文部科学白書　教育再生への取組／文化芸術立国の実現 http://www.mext.go.jp/b_menu/hakusho/html/hpab200601/index.htm（最終閲覧日 2011［平成 23］年 1 月 12 日）.

日本テスト学会編 2007a,『テスト・スタンダード――日本のテストの将来に向けて』金子書房 .

日本テスト学会 2003a，日本テスト学会について。http://www.jartest.jp/index.html（最終閲覧日 2011［平成 23］年 1 月 12 日）.

日本テスト学会 2003b，活動計画案 . http://www.jartest.jp/policy.html（最終閲覧日 2011［平成 23］年 1 月 12 日）.

日本テスト学会 2007b，基本条項とその解説 . http://www.jartest.jp/test.basic_articles.html（最終閲覧日 2011［平成 23］年 1 月 12 日）.

第8章 地方主権における教育サービスの評価方法

筒井 孝子

1. はじめに

2003年に「少子・高齢化社会における日本の選択～教育、福祉と経済の戦略」研究委員会は、教育サービスについての提言を発表した。この提言では、以下の4本柱、①社会資源の有効活用と評価システムの確立、②年齢差別・時間給差別の撤廃―先ず公務員から、③子育て支援社会の実現を、④義務教育は地方主権、教育では客観的な生徒評価、が示された（（財）地球産業文化研究所 2003：203）。

本章では、この提言④にかかわる内容である、「地方主権における教育サービスの客観的な評価の在り方」について論じる。すなわち、自治体が提供する教育サービスに着目し、その評価手法と成果に関する課題について検討することを目的とした。

日本では、小学校、中学校で提供される教育サービスにおける行政事務は、市町村が担うこととなっている。よって、教育サービスの成果にかかる評価は、一義的には、市町村が主体となり、住民に対する説明責任がある。したがって評価に関しての情報は、まずは市町村による教育サービスについての情報公開が前提となるだろう。この公開にあたっては、まずは自己評価が必須となるが、現時点で、これに相当するものとしてあるのは、財政評価が主な内容であり、教育サービスの成果に関する評価が示されているものは、管見においては、ほとんどない。

しかしながら、財務の評価については、おおむね一般化されつつあり、全

国共通の指標が整備されてきたことから、この先例にならい教育サービスの評価も実施できるのではないかと考えるものである。

2.地方自治体の行政評価におけるトレンド

1 財政評価の必要性

自治体の評価の今日におけるトレンドは、財政状況の評価である。これは財政状況の悪化は、住民に対する行政サービスの悪化として直接的に表れることになるからであるが、こういった情報が今日のように公開されるようになるまでには、長い道のりがあった。

わが国の自治体財政の評価は、1955（昭和30）年に制定された地方財政再建促進特別措置法（再建法）によっていた。この法律では、赤字額が一定比率を超えた自治体を財政再建団体に指定するという仕組みとなっており、これは、自治体にとっては、突然、破産が宣告されるということであり、いわば、レッドカードだけの1段階の制度であった。そこで、段階的な財政評価の仕組みが検討され、2007（平成19）年に、地方公共団体の財政の健全化に関する法律が制定された。

これにより自治体は、健全性に関する比率を公表し、健全化の計画を策定する制度を定め、さらに、健全化を示す指標として、実質赤字比率、連結実質赤字比率、実質公債費比率、将来負担比率の4つの指標によって評価され、これらが一定基準を超える場合に早期健全化団体及び財政再生団体に指定するという、イエローカードとレッドカードの2段構えで財政状況をチェックし、早期の財政再建を図る制度となった。

新たな法律は、2009（平成21）年4月1日に施行され、平成20年度決算から、基準に基づいて早期健全化団体及び財政再生団体の指定が行われたが、すでに2007（平成19）年度決算から指標の結果は公開されている。法律が施行される前の2006（平成18）年にすでに財政が破綻し、財政再建団体となっていた夕張市は、2008（平成18）年度決算で自治体財政健全化法による実質赤字比率が705.6％と財政再生基準の20％を大幅に上回り、同市は2009年9月

に全国初の「財政再生団体」となることが決定した。

　夕張市は、「全国最低の行政サービス、最高の住民負担」とされ、人口減が止まらない状況である。数を基礎として自治体に配分される普通交付税等は決定されるため、人口が減少することは、自治体にとっては大きな打撃となる。また、夕張市では、財政破綻が公にされた後、働き盛りの住民が夕張市を去ったため、結局、残ったのは去ることができない経済弱者や高齢者となった。このことは、結果として生活保護率や高齢化率（人口に占める65歳以上の比率）の急上昇をもたらし、さらに夕張市の財政を圧迫することとなった。

　財政破綻により、どのように自治体のサービスが低下するかというと、例えば、教育関連サービスとしては、4校ある中学校は1校に統合され、7校ある小学校も1校に統合、図書館・美術館、プール、公園、共同浴場、公衆便所、集会施設、連絡所などの公共施設も大幅に休廃止された。このほかに市立総合病院は、老人保健施設を併設する有床の診療所となり、民営化され、子育て支援センターなど各種事務事業も廃止された。

　このような行政サービスの低下にもかかわらず、市民税、固定資産税、軽自動車税の値上げ、さらに入湯税が新設され、市内の施設使用料は50％値上げされた。公共料金については、その多くが大幅な上昇をすることとなり、水道料金は、赤穂市（兵庫県）で1,018円であるのに対し、夕張市では7,392円、保育料は、渋谷区（東京都）が11,300円であるのに対して、夕張市は53,500円となった。

　このように自治体の財政破綻は、行政サービスの低下だけでなく、税の上昇も招き、この結果は、前述したように、さらなる住民転出の急増を生み出すという、悪循環に陥ることになる、この循環を断ち切ることは難しく、破綻した自治体の救済は、ほとんど不可能となっている。

　自分の住んでいる町が、破綻自治体となる可能性を知る手だてとして、財政の健全化を示す4つの指標のデータが、すでに総務省から公表され、ホームページ上で公開されている（総務省　2008）ため、これを検索すればよいということになる。実は、この指標が公開されたことは、自治体にとって有

効に働いているという。財政悪化を可能な限り、早い段階で住民に理解してもらうことができるため、財政状態の改善に着手できるし、協力も要請できるようになったからだという。

おそらく住民は、これまで自らが居住する自治体が破綻することを予見だにしていないだろうが、こういった法律が制定された意味は、後述する夕張市のように破綻をする可能性をもった自治体が少なくないことを改めて示したといえよう。したがって、住民は、これらの財政指標公表の仕組みを利用し、自治体財政へ関心を持ち、議会への監視機能を強化しなければならない責務を負ったということになろう。特に経営が厳しい地方公営企業や地方公社、第三セクター等についての債務処理については、当然、自治体の経営について責任が問われる。また、住民が自治体の財政状況と自らが受けるサービスのバランスとを冷静に評価する姿勢も求められる。

これらの現実は、今後は住民が積極的に自治体行政に関心を払わねば、結局は、自らの生活が困窮し、やがては、その成立さえ困難となる可能性があるということを示している。自治体の破綻は、当然、夕張市の例に明らかなように教育サービスの低下にも波及することになるが、例えば図書館などの公教育設備の廃止といったストラクチャーベースのサービス低下だけでなく、これによって、子どもの健全育成に及ぼす影響がどの程度あるのかといったことについては、わが国では、未だほとんど言及されたことがない。だが米国では、これらの影響をベンチマーキングによって明らかにするシステムが用意されており、これを、わが国においても準備する時期になったのではないかと考えている。

2　行政評価の実践とその利用

合衆国で、前述したようなベンチマーキング手法が利用されてきた背景には、歴史的に州や地方政府の独立性の強さが影響している。おそらく日本やヨーロッパ諸国では、歴史が古いため「地域への帰属意識」を中心としたコミュニティの合成としての自治体が多くを占めている。しかし、若い国である合衆国では「目標の共有」を核としたアソシエーションの合成として、国

のほとんどが成り立っている。このため合衆国の州・地方政府においては、さらに個々のアソシエーションの集合体という意識がさらに強く、これらにおける業績測定の実践は、連邦政府よりも早期に、多様な試みや実践を行ってきたものと予想される。

Melkers & Willoughby（1998：66-73）によれば、全米50州中47州が業績予算（Performance Budgeting）を何らかの形で導入済みである。Governmental Accounting Standards Board（GASB）によって、また州では、83％の部局、郡・市においては44％の部局において何らかの業績指標を使用している。

わが国において、自治体の破綻が現実となった今、生活の質の高さ、より良い環境、すなわち行政サービスの潤沢さを求めて、人々が移住するという行動を加速させる可能性は否定できない。また、移住先の決定には、前述した自治体が公表する行政評価の情報が利用されつつあり、昨今では、団塊の世代の定年後の移住先の選定材料として、行政評価の情報が利用され、不動産情報とともに提供されるようになっているという。

おそらく、子供がいる家庭では、教育環境についての情報を調べることで、自らが住民税を納めるにふさわしい自治体を選ぶようになるだろう。子供にとってよい環境がある自治体は、逆に言えば、未来への投資が可能である自治体といえ、破綻のリスクが少ないと判断できる。人口減少少子化が本格的に始まっていることをかんがみれば、自治体が安定した経営を行うためには、自治体が教育サービスについて、新たな投資をし、これを自治体経営の戦略として示す時代となったとも言える。

3. 自治体による教育サービスの評価の方法

1 これまでの行政評価の歴史と昨今の状況

自治体の評価については、1959（昭和34）年に当時の自治庁によって、リドレー＆サイモンの"Measuring Municipal Activities"が翻訳され[1]、これに基づいて東京都などで行政効果の測定が試行された（古川俊一 2000；遠

藤文夫 1999)。また本来の意味での業績測定に基づく仕組みとしては普及しなかったものの、1961年の第一次臨調の答申では事業別予算について言及されている（小野達也 2001）。このほかにも、行政管理における評価に類する手法として、従来から行政監察、会計検査、地方公共団体における監査（財務監査、行政監査）が行われている。

しかし、今日的な行政評価の端緒となったのは、1990年代後半の中央省庁改革の一環として登場したアカウンタビリティーのツールとしての「政策評価制度」からである。中央省庁再編後の2001（平成13）年1月には「政策評価」のガイドラインが示され、同年6月には「政策評価法」（「行政機関が行う政策の評価に関する法律」）が成立した（2002（平成14）年4月施行）。2003（平成15）年に実施された総務省の「地方公共団体における行政評価の取組状況」（総務省 2006）によれば、2003（平成15）年7月末現在で約21％の自治体が行政評価を実施または試行中であった。

この調査における行政評価の定義は、「政策、施策、事務事業について、事前、事中、事後を問わず 一定の基準、指標をもって妥当性、達成度や成果を判定するものをいう。また、『政策』とは大局的な見地から地方公共団体が目指すべき方向や目的を示すもの、『施策』とは政策目的を達成するための方策、『事務事業』とは施策目的を達成するための具体的な手段としている」という考え方の下で実施された。

この手法は、基本的には、ニュー・パブリック・マネジメント（NPM：New Public Management）という民間企業の経営手法や成功事例（ベスト・プラクティス）を行政経営に取り入れ、行政の効率化や活性化を目指す公共経営の考え方に基づいてこれらの行政評価を実施し、従来の行政の管理者を経営者に置き換え、市場競争原理を導入しようとするところに特徴があった（大住 1999）。

2006（平成18）年の総務省の調査結果（総務省 2008）によれば、すでに都道府県46団体、すべての政令指定都市、中核市のうち87％の団体、特例市90％の団体、その他の市と特別区は45％の団体が導入済みとなった。この結果から、ほとんどの自治体で行政評価は必須となったものと推察できる。

しかし、その評価結果を予算要求や査定に活用している団体については「直接、反映している」と回答した団体が都道府県 19 団体、政令指定都市 3 団体、中核市 10 団体にとどまり、「参考にしている」が都道府県 26 団体、政令指定都市 11 団体、中核市 22 団体と示されている。この結果は、自治体にとって行政評価システムは必須とはなったが、住民へのアカウンタビリティとしてのみ利用され、政策判断に影響を及ぼすには、未だ至っていないことを窺わせている。

今後は自治体のこうした行政評価が、市民との協働のもとに発展することが望まれるが、行政が掲げる目標が市民の意見を反映していないものであったならば、市民との協働につなげることは難しいことになる。このため設定される目標が市民の望むことか、水準として妥当かについては、自治体が設定・評価できることではなく、住民の総意であることが条件となる。

このために自治体は、自治体の構成員である住民のニーズをくみ取るために住民の主体性を創発していくことが求められている。また住民は、自治体の施策を受け身で享受するのみではなく、自己責任の原則のもと自治体サービスの評価に対しても責任を負うことになる。

このような原則のもとで自治体による教育サービスの評価は、今、どのように行われているのだろうか。

2 行政サービスにおける教育の位置及びその評価の現状

自治体行政において、教育の振興と文化の向上を図るための学校教育や社会教育等の教育文化にかかわる、教育関連の行政サービスは重要である。国・都道府県・市町村とそれぞれ表 8-1 のように役割を分担し、教育サービスについて市町村の役割は大きい。財政的にも平成 21 年度版地方財政白書（総務省 2009）によれば、自治体における教育関連費の歳出総額に占める割合は 18.4％（都道府県 23.9％、市町村 10.7％）となっており歳出総額の中で民生費に次いで大きな割合を占めている。

特に市町村における教育関連費の中では、小学校費が最も大きな割合（22.4％）を占め、以下、保健体育費（20.8％）、社会教育費（20.4％）の順となって

表8-1 国と地方の行政事務の分担（教育分野）

項目	国	都道府県	市町村
教育・文化・スポーツ	● 大学 ● 私学助成（大学） ● 教科書検定 ● 教科書の無償給与	● 高等学校・特殊教育学校 ● 小・中学校教員の給与・人事 ● 私学助成（幼～高） ● 公立学校（特定の県）	● 小・中学校 ● 幼稚園 ● 公立学校（特定の市町村）

出典：総務省地方制度調査会「第28次地方制度調査会　第5回専門小委員会」配布資料より一部抜粋

いる。これだけの財源の投下にふさわしい教育サービスが、どのように提供され、どのような成果を示しているかは当然、検討しなければならないものと考えられるが、自治体の行政評価においては、教育サービスに関しての実証分析の蓄積は、それほど多くないようである。

日本の教育サービスに関する実証研究をサーベイした小塩・妹尾（小塩妹尾, 2003：4-5）によれば、教育サービスに関しては、公のデータベースがほとんど整備されておらず、さらに情報の公開は、極めて限定的であったと報告されている。教育の成果の実証研究については、基本的には、教育の履歴情報を含む長期的なパネル・データの整備が必須となる。なぜなら、教育の成果は、かなり長期的かつ継続的な評価が蓄積されなければならないからである。

例えば、教育サービスの成果を単なる学力テストの点数としてではなく、学校卒業後の賃金水準との相関関係を分析した研究の代表例としては、Card & Krueger（1992）の調査結果があり、彼らは学校卒業後の賃金水準と教育の質との間に正の相関があることを確認している。このような教育と社会階層や所得格差の関連など、経済学や社会学などの他分野との学際的研究の成果に関しては、現時点では、パネル・データの不備により十分な成果

を挙げるには至っていない。

　しかし、日本でもわずかながら、新学習指導要領の導入をきっかけとする学力問題への関心の高まりや地方分権化に伴う教育の現場の新しい取り組みにより、実証的な研究も始まっている。例えば、大学入試で数学を受験するか否かが大学進学後の成績や将来のキャリア形成に無視できない影響を及ぼすという結果を私立大学卒業生を対象としたアンケート調査から実証した研究がある（浦坂他　2002：22-43）。これは、大学入試で数学を受験した者ほど大学教育において高い学業成績を挙げ、大学卒業後も生涯にわたって高い所得を獲得し、より高い職位に昇進する、また転職時においても収入面において有利な条件に恵まれているなどの結果を示している。

　例えば、小中学校の一部科目について「第7次教職員配置改善計画」では、20人クラスの実施を認める方針が打ち出されている。しかし、この変更の根拠についての実証分析結果は示されていない。このように、いわゆる教員と生徒という学級規模が教育成果にどのような影響を及ぼすかについては、政策に直接、かかわるような研究テーマであり、政府が、こういった学級規模の変更を計画しているのであれば、当然、政策の根拠として科学的手法に基づくデータを示すべきであろう（国立教育政策研究所　2002）。一方、厚生労働省の管轄である病院においては、一人の患者に対して何人の看護師が適切であるかといった検討は、多くの研究がなされ、国で検討されてきた歴史がある。これは、わが国においても（筒井孝子 2008　2003）、諸外国においても同様である（DeGroot　1994ab; Levenstam, 1993, Rauhala 2004）。

　したがって、多様な教育サービスにおいて、「どのような児童」に対して、「どのような専門技術」を有する教師が「何人」必要かといった研究が乏しい現状は、科学的根拠に基づいた行政施策が求められている昨今、大きな問題であり、今後は、こういった研究的な取り組みのさらなる推進が求められる。

4. 今後望まれる教育サービスの評価とは

1 米国オレゴン州に見るベンチマーキングによる教育サービス評価

　米国オレゴン州では、ベンチマーキングによって、行政サービスの質の向上を図るという試みが、10年以上もの間、実施されている。ベンチマーキングとは、「業界を超えて世界で最も優れた方法あるいはプロセスを実行している組織から、その実践方法（プラクティス）を学び、自らの組織体に適した形で導入して大きな改善に結びつけるための一連の活動」と定義される。

　この Oregon Benchmarks というツールは、州議会の設置した Oregon Progress Board が開発し、さらに州内の各種のき公サービス提供者へ対し、サービスの質がプランの基準を満たすよう要請している。ベンチマークの最初の改定は1997年に行われ、その際にもベンチマークの見直しが行われ、その数の削減も行われ、現在も同様に改変が続けられている。

　例えば、現在、利用されているベンチマークの一部として、Adult Literacy（Overall）：（識字能力が中間レベル以上の成人の割合）や Computer Usage（コンピューター使用能力）や Internet Usage（インターネット使用能力）や Labor Force Skill Training（労働人口のうち前年1年間で20時間以上のスキル開発トレーニングを受けた者の割合）などがあり、わが国の行政目標と比較すると、ベンチマークに示された内容がかなり具体的であることが特徴である（Oregon Progress Board 2006）。

　これ以外にも教育サービスに関連するベンチマークとして、オレゴン州の初等中等教育および成人識字能力のレベルがあり、これにより、オレゴン州民の識字能力は、全米平均を上回っていることが示されている。また、こういった指標が選ばれた理由についても、高校卒業者は卒業していない者と比較して生涯納税額が高いといったエビデンスに基づいたとの理由が示され、住民レベルで納得のいく説明がなされている。このほかにも、未就学児童に関する指標づくりは、出生後5年間の経験が、その後の就学・就職を左右するとのエビデンスから、貧困・家庭問題の影響を小さくとどめることに効果を発揮するベンチマークの設定といったことが行われている（Oregon

Progress Board 2006)。

　このようにベンチマーク策定にあたっては、「それは、なぜ重要であるのか？」ということが住民を含む委員によって十分に検討され、この議論を公開することで、住民へのベンチマーク策定の説明責任が果たされ、これに対しての関心が高まるような工夫がなされている。

　さらに、図8-1に示したように、ベンチマークによっては、全米でも指標として利用されているものもある。このため、オレゴン州内の年次推移だけでなく、他州と比較できるベンチマークも少なくない。このことは、より住民の理解をやすくして次の目標を示すことが容易となる仕組みであるともいえ、例えば、わが国で、こういった手法を取り入れようとする際に参考になると考えられる。

　教育というサービスの特性はRothchild & White（1995）が指摘するように、サービス購入者自らが、その生産に投入要素として参加するということといえるが、これは、医療サービスや介護サービスと共通する性質である。すなわち、これらのサービスは、普通の財やサービスのように需要者と供給者が市場で通常の取引関係を結び、価格決定をするといった関係が前提とな

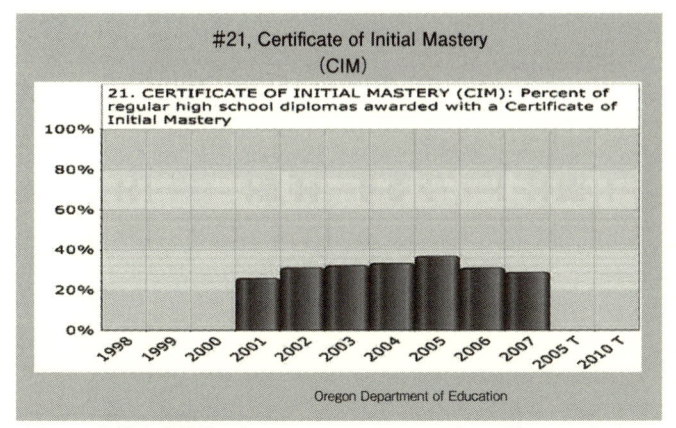

図1　高校卒業資格（high school diplomas）のグレードとしてCIM（初期レベル到達）が授与された生徒の割合

らない。需要者の行動変容すなわち、疾病の治癒、要介護状態の改善等という、なんらかの変化が取引の主要な内容となるという特徴がある。

　また教育サービスの成果にかかわる評価で留意すべき点として、サービスを受ける子供（または親）がどのようにかかわるかによってサービスの評価が異なるということがある。これも医療や介護サービスと類似した性質といえる。これは、需要者がサービスを購入する段階で、どのような姿勢で臨むかによって評価が変わってしまうことを意味するが、医療の中でも例えば、慢性疾患の治療は、患者の治癒に対する強い意志がない限り、治療としての食事療法や運動といった生活習慣の改善は不可能である。同様に、介護においても介護予防という観点から、自ら、自立した生活を継続し続けたいという強い意思がなければ、予防サービスの効果は上がらないのである。

　すなわち、医療、介護と同様に教育サービスというのは、教師と児童との相互の関係性によって、その評価が異なるということに特徴がある。しかも教育サービスは、提供されるサービスが一過性であり、再現性がなく、サービスを受ける人によって、同じサービスでも評価の度合いが異なる。これらの特徴も医療や介護と同じである。この性質は、サービスの質を評価する際の伝統的な手法である、「構造（ストラクチャー）」、「過程（プロセス）」、「成果（アウトカム）」という段階別の評価から考えるとプロセスの評価がかなり難しいことを示している。

2　観点別評価という誤謬

　教育サービスの質と評価するにあたって、最も困難な評価は、おそらく、サービスを提供しているプロセスそのものを評価することであろう。公教育における教育サービスの提供は、多くの場合、教師1人に対して、多数の児童という1対多の関係においてなされ、サービス提供のプロセスにおいて、教師が多数の児童の個性を踏まえたサービス提供を行うのは、相当に難しいと予想されるからである。だからこそ、多くの教師は、この教育サービスの提供過程を充実させるために、「どのような方法で子供に教えればよいのか」、「どのような資料がわかりやすいか」等、日夜、研鑽に励まねばならな

いのだともいえよう。

　さて、1987年の教育課程審議会における学習指導要領改訂の中で、「日常の学習指導の過程における評価については、知識理解面の評価に偏ることなく、児童生徒の興味・関心等の側面を一層重視し、学習意欲の向上に役立つようにするとともに、これを指導方法の改善に生かすようにする必要がある」との答申が発表された。また指導要録における各教科の評価についても、「教育課程の基準の改善のねらいを達成することや各教科のねらいがより一層生かされるようにする観点から、教科の特性に応じた評価方法等を取り入れるなどの改善を行う必要がある」と、指導要録の様式を改める旨の考えが示された（文部省　1987）。

　こういった評価は、今日では観点別学習状況の評価というが、この評価にあたっては、まず教師は、各観点で何を評価すればよいのか、評価する項目（評価規準）を定め、それぞれの事柄についてどの程度実現できていればよいのか（評価基準）を定め、その上で児童生徒を評価するための資料を収集する。

　ここでいう評価のための資料とは、児童生徒の毎回の授業での発言や授業態度、ノートやワークシートの記述、宿題、定期考査など様々なものが示されている。そして、指導要録における観点別学習状況の評価は、収集された資料をもとに各項目の実現状況を一つひとつ評価し、各観点を総括して最終的な評価（総括的評価）を行うこととされている。

　以上の観点別の評価というのは、まさに教育サービスにおけるプロセス評価と言え、教師が提供する教育サービスの質の評価の一側面といえる。したがって、この観点別評価をする意義が、「<u>(1) 学習評価を通じて、学習指導の在り方を見直すことや個に応じた指導の充実を図ること、学校における教育活動を組織として改善することが重要であること。</u>その上で、新しい学習指導要領の下における学習評価の改善を図っていくためには以下の基本的な考え方に沿って学習評価を行うことが必要であること」（文部科学省　2010、下線部は筆者による）と示されている限りにおいては、評価のために収集される資料は、教師自らの指導を反省し児童生徒を次の指導場面や授業で指導することを目的に収集され活用されるものである。その意味で、日々の授業に

おける観点別評価とは、教師自身の授業展開それぞれの場面における自らの指導を評価し、判断する契機として機能するものと文部科学省自体が説明しているように、端的に言えば、教師が自らの教育サービスの質を上げるための評価指標として利用すべき資料である。

しかし、この観点別学習状況の評価は、個別の児童の指導要録、調査書に記載されることになった。これは、いわば教師の教育サービスの評価を、その受け手である児童にすりかえたことを意味している。

普通に考えると質の低い教育サービスを提供された児童の評価は低くなると予想され、これを児童の評価とするのは、おかしなことである。つまり、学習の状況を分析するという手法、すなわち「関心・意欲・態度」「思考・判断」「技能・表現」「知識・理解」などの4～5つの観点を分析するという手法は、例えば、教師が関心を高める講義をしているかという評価としては、よい指標となるだろうが、これを児童の評価に置き換えることは、通常、適切とはいえない。

この評価の考え方は、教育サービスの質の評価や、プロセス評価としてみても、さらに方法論としても問題がある。なぜなら、評価の対象となる児童の関心、意欲、態度を評価する評価者が、サービス提供者自身だからである。これは、自らのサービスを、自己評価していることを意味するが、本来教育サービスのように、専門性が高いサービスのプロセス評価を実施する場合、評価者は、訓練を受けた第三者であるか、ピアレビュー、すなわち、同業者であることが普通である。

医療の領域でも、プロセス評価をする場合は、医師であれば、医師が行うし、病院の評価であれば、医療知識や技能を具備した病院関係者による第三者評価が一般的である。自己評価というのは、客観性に乏しいため、適さないと言わざるをえない。したがって、教育サービスにおけるプロセス評価を実施するのであれば、教育の内容やその背景、児童の特性を熟知している第三者としての教育の専門家集団が複数で行うことが最低限の条件であろう。なぜなら上述したようにサービスには、一過性、再現性がないという性質があるため、すべての授業を評価できないため、断面調査をせざるをえない。

また他の授業のプロセスについては、ある授業の結果を予測して評価することになるからである。しかし、こういった評価の客観性を担保することは難しく、多くの教育経験があっても、かなり困難が予想される。

3　行政による教育サービスの評価方法構築の方向性

　医療・介護分野では、徐々にではあるが、成果を基礎とした評価を推進していくことによって、サービスの質を高めようという動きがでてきている。例えば、2008（平成20）年度の診療報酬改定で回復期リハビリテーション病棟に対して、患者の回復を促進し、在宅への復帰率が高い病院に対しては、端的に言えば診療報酬が高くなるという仕組みが導入された[2]。同様に、介護の領域でも2009（平成21）年度の介護報酬改定で老人保健施設においては、在宅復帰率が50％以上、あるいは30％以上の施設は、在宅復帰支援可能加算の見直しが行われた[3]。

　このように医療や介護の領域では、報酬加算をインセンティブとした、サービスの質を高めるための評価が進められており、米国でいうP4P[4]に近い内容が実施されつつあるが、公による教育サービスにおいても、成果に基づく評価を検討すべき時期がきているのではないだろうか。日本では、まだ合衆国のように全国の州で共通の指標を開発するといったような研究。これを用いた取組みは十分でない。しかし、行政における教育サービスの評価という取り組みが多くの自治体で始まれば、学校という閉じられた空間で、しかも1人の教師によって、評価されるよりは、より適切な評価方法が生まれるかもしれない。

　例えば、「人に親切にする」、「嘘をつかない」、「法を犯さない」、「勉強をする」といった基本的なモラルを評価するための具体的な指標と生み出せる可能性もあるのではないだろうか。この4原則は、まさにあたり前のことであり、これを守ることが社会生活の基本となることを、地域の住民によって教えられ、学ぶことこそが、今、生きる力として、子どもには求められているのではないだろうか。

5. おわりに

　教育サービスとは、未来への投資である。こういった財に対する計画、評価といった責任を担うべき主体の一つとして、市町村等の地方自治体は位置づけられている。今後、自治体には、地方主権を強化する流れの中で、国から財源や権限の移譲がなされていく予定である。すでに一般化しつつある行政評価とは、そもそも市民に対して、行政が実施する公共プログラムを説明するという義務を果たすための手法として始まったが、さらにこれを利用して、住民との協働自治を行うツールと発展させていくことが期待される。

　教育サービスは、長期にわたる時系列的な評価が必要なものである。将来にわたる長期的な投資であり、だからこそ、学校ではなく、地域における評価が、より適切であるとも言える。

　行政サービスの実施には、アカウンタビリティー(説明責任)を求められる。したがって、計測可能で、かつ時系列評価に耐え、コミュニティ全体を対象とした基本的な評価が必要となる。わが国の自治体のうち、一つでもよいから「教育サービスの評価は、なぜ自治体にとって重要なのか、どのような成果が示されることが、コミュニティにとって望ましいと考えられるのか」を住民とともに議論する場をつくり、評価ができるようになってくれれば、わが国の行政サービスにおける対人援助サービスの評価は、大きな一歩を踏み出せる。

　今、教育サービスを担う自治体に問われているのは、この場と仕組みを整備できるか否かということであり、また住民にとっては、これらプロセスへの参加をするか否かという選択である。これが、住民の、住民による、住民のための地方主権を実現するすべての出発点となるといえよう。

注
1　本田弘訳は、『行政評価の基準—自治体活動の測定』という邦題で北樹出版より1999年12月に出版されている。
2　平成20年度の診療報酬改定では、回復期リハビリテーション病棟において、「重症患者回復病棟加算」が創設された。この要件は、重症の患者の3割以上が退院時に日

常生活機能が改善していることとされ、まさにP4P評価の日本版といえるものであった。上記加算に係る要件については、以下の資料参照。厚生労働省通知（保医発第0305002 号）「基本診療料の施設基準等及びその届出に関する手続きの取扱いについて」を参照。http://www.mhlw.go.jp/topics/2008/03/dl/tp0305-1h.pdf（平成20 年10 月1 日アクセス）

3 在宅復帰支援可能加算を含む、平成21 年度介護報酬の改定の概要については、以下の資料参照。平成21 年度介護報酬改定の概要社会保障審議会介護給付費分科会（第63 回）資料。http://www.mhlw.go.jp/shingi/2008/12/dl/s1226-5c.pdf（平成20 年10 月1 日アクセス）

4 P4P（Pay for Performance）とは、前もって設定したパフォーマンスの期待値を達成した病院／診療所に報奨金を給付するプログラムであり、つまり質を反映した診療報酬である。これが注目されるようになった背景には、2001 年に米国医学研究所（Institute of Medicine：IMO）が、米国の医療サービスにおいて標準的なレベルの医療は半分程度しか提供されていないことを指摘し、医療の質の低下に警鐘を鳴らしたことがあるといわれている。P4Pは、マネージドケアの民間保険を中心に導入されたが、メディケアにおいても導入されることになった。

文献

財団法人地球産業文化研究所 2003,『平成14 年日本自転車振興会補助事業「少子・高齢化社会における日本の選択～教育、福祉と経済の戦略」研究委員会報告書』、2003

総務省発表報道資料 2008, 9,『平成19 年度決算に基づく健全化判断比率・資金不足比率の概要（速報）』。http://www.soumu.go.jp/menu_news/s-news/2008/080930_5.html（平成20 年10 月1 日アクセス）

Melkers, J. and Willoughby, K. 1998 The state of the states: Performance-based budgeting requirements in 47 out of 50. *Public Administration Review*；58（1）：66-73.

古川俊一 2000,「政策評価の概念・類型・課題（上・下）」。『自治研究』;76（2）、(4)

遠藤文夫 1999,「戦後における政策評価の動向」。『自治体における行政評価の現状・課題・視点』（財）日本都市センター。

小野達也,「地方自治体の行政評価システムの課題と成功への条件」『富士通総研研究レポート』2001;117:32-34.

総務省（2006、12）,『平成16 年度地方公共団体における行政評価の取組状況』。http://www.soumu.go.jp/click/jyokyo_2004.html（平成20 年10 月1 日アクセス）

大住荘四郎 1999, ニュー・パブリック・マネジメント。日本評論社、東京

総務省（2008、3），平成18年度地方公共団体における行政評価の取組状況。http://www.soumu.go.jp/click/jyokyo_20061001.html（平成20年10月1日アクセス）

総務省編（2009、10），『平成21年度版地方財政白書』http://www.soumu.go.jp/menu_seisaku/hakusyo/chihou/21data/21czb1-1-4.html（平成20年10月1日アクセス）

小塩隆士，妹尾渉（2003，4-5），『日本の教育経済学――実証分析の展望と課題』ESRI Discussion Paper Series；69.

Card, D and A.B. Krueger, 1992 Does school quality matter? Returns on education and the characteristics of public schools in the United States. Journal of Political Economy；10（1）；117-122.

浦坂純子，西村和雄，平田純一，八木匡，『数学学習と大学教育・所得・昇進――「経済学部出身者の大学教育とキャリア形成に関する実態調査」に基づく実証分析。日本経済研究 2002;46:22-43。

国立教育政策研究所 2002，「児童生徒の学習性と学習状況及び学力形成とクラスでの生活意識に及ぼす学級規模の影響に関する調査結果」．『国立教育政策研究所紀要』;131

筒井孝子 2008，『看護必要度の看護管理への応用――診療報酬に活用された看護必要度』医療文化社。

筒井孝子 2003，『「看護必要度」の研究と応用――新しい看護管理システムのために』医療文化社。

DeGroot HA, 1994a. 'Patient classification system and staffing: Part1, problems and promise.' *Journal of Nursing Administration* 24（9）：43-51.

DeGroot HA, 1994b. 'Patient classification system and staffing: Part2, practice and process.' Journal of Nursing Administration 1994；24（10）：17-23.

Levenstam AK, Engberg IB 1993. The Zebra system--a new patient classification system. *Journal of Nursing Management*；1（5）：229-37.

Rauhala A, 2004, 'Fagerstrom L. Determining optimal nursing intensity: the RAFAELA method.' *Journal of Advanced Nursing*；45（4）：351-9.

Oregon Progress Board 2006　http://www.oregon.gov/DAS/OPB/docs/obm/Education_Analysis.doc（2009年10月1日アクセス）

Current OBM Update Process, Oregon progress Board　http://www.oregon.gov/DAS/OPB/docs/obm/OBM_Criteria_Aug06.doc（2009年10月1日アクセス）

Rothschild, M. and L.J. White, 1995. The analytics of the pricing of higher education and other services in which the customers are inputs. Journal of

Political Economy ; 103（3）:573 - 586.
文部科学省 2010,「小学校、中学校、高等学校及び特別支援学校等における児童生徒の学習評価及び指導要録の改善等について」(通知)平成22年5月11日。

第9章　社会におけるモラル回復のための大学評価

戸瀬 信之

　最近の不況の影響もあって、大学生の就職活動が学部3年生の後期から始まり、ゼミの運営が難しいということをよく聞く。長期の就職活動を終えてゼミに復帰しても、知的な活動に戻ることができない伸びきったゴムのような学生ばかりだとも言われている。ある著名な経済学者が、平日に大学生を呼びつけて大学での勉強を評価しないというシグナルを送る企業ばかりだから現在の大学の惨状がある、とつぶやいていた。　この発言にはもちろん理があるに違いないし、私もそれなりに共感を覚える。しかし、自分たちの世代の就職活動が4年生の秋の数週間で済んでいたことを考えるとき、なぜ現在のような状況にあるのかを考えるのも当然なのではないだろうか。ある意味で、この経済学者の発言はサプライ・サイドのものとしか思えないのも私の本心である。また、この経済学者がゼミをサボる学生を野放しにしているとしたら、現状維持に大きく関与しているという意味で、この発言は単なるかっこいい発言になってしまうだろう。

　日本における新規雇用のコストを考えると、いい加減な採用を行うことは非常にリスクが大きいに違いない。現在のような就職活動の早期化、長期化は、ある意味で、個々の企業の考えるレベルでの優秀な大学生が需要より少ないからとも考えられないだろうか。また採用する企業の必要とする技能・能力を、大学生が満たしているということを保証するものが日本には何もないことにも原因があるのではないだろうか。個々の大学生の大学での勉強を適正に評価するようなシステムを果たして日本の大学は構築できているのだろうか。

この20年間で大学を取り巻く環境は大きく変わったが、その中で「多様化」という無秩序が大学を深刻に蝕んできたように思える。20年前はこの大学でこの成績だったら安心して採用できたということが、現在はなくなったのである。

　日本において大学自体を社会的に評価する際、大学学部の入学試験の偏差値が大きな影響力をもっている。しかし、これさえも今やあまり意味をもたなくなっている。私立大学の入学試験では、2科目程度の少数の科目の試験を受ける母集団の偏差値となるのに対して、国公立大学の入学試験では5教科の試験を受ける集団の偏差値である。したがって、偏差値を私大型、国立大型の試験制度を超えて比較することは全くナンセンスなのである。しかも、多くの私立大学では、半数近くの入学者を推薦入試、AO入試で集めるので、一般入試の倍率が高止まりして私大型の偏差値が入学者全体の実態より高くなるのである（おそらく一部の私大経営者はそのことも狙っているのであろう）。私大の一般入試の少数科目で入学する学生の、入試科目にない科目でのパフォーマンスの低さについては、20世紀末に西村和雄教授（京都大学経済研究所特任教授）と私が「分数ができない大学生」（東洋経済新報社、1999年）で明らかにしたことである。

　私立大学で教える多くの教員が感じるのは、一般入試で入学する学生と推薦入試、AO入試で入学する学生の間の学力のギャップである。「分数ができない大学生」の25点満点のテストで表現するならば、トップの国立大学の成績分布が23点以上に分布するのに比べ、トップの私立大学では10点程度から25点まで平坦に分布するのである。これは数学を受験科目としない入学者に加え、付属高校などからの推薦入学者の存在がその原因である。入学者の多様化は、相対的に優秀な学生の意欲・モチベーションを低下させるとともに、大学内の教育コストを増大させ、あるいは教育のパフォーマンス自体を低下させる。現実問題として、特に私立大学の経営面で考えると、あまり多くの学生を科目試験で落第させることはまずいからである。また、教育面でも履修者にふさわしい目標設定をせざるを得ないのは当然であろう。

　日本における状況が国際的にみて問題が多いことも指摘したい。ヨーロッ

パ諸国では、フランスのバカロレア、イギリスの GCSE など大学入学資格試験が確立されているが、その中で国語と数学の入学試験を必要としないコースというのは非常に例外的である。また、アメリカでは大学入学にあたって SAT という「数学」と「国語」の基礎的な能力の試験を受験することが求められている。「分数ができない大学生」の結果から SAT のレベルと比較すれば、数学の入学試験を経ないで日本のトップ私立大学に入学する学生の数学に関する達成度を測ることが可能であるが、とても国際的に優秀な大学生とはいえないであろう。

この 20 年間で、日本の大学が「多様化」という無秩序化、低モラル化を進めるにあたって、アメリカの大学教育の多様化がもてはやされてきた。しかし、アメリカでは上で述べた SAT や高校 4 年間の学習の成果を示す GPA を用いて、入学者の能力をコントロールした上で、教育をしていることに注意すべきである。また、数学の科目も様々なレベルが用意されているように、多様な学生のプロファイルに応じる教育システムが準備されているのである。東京大の理科 1 類が不合格で入学してきた学生と「マイナス 2」の n 乗と 2 の n 乗のマイナス倍を区別して計算しない付属校からの入学者を一緒にして数学を教育するようなことはありえないのである。

ここまで私立大学に関してかなり辛口のことを書いたが、これは今後の日本の行く末に重要だからである。東京圏にある国公立大学はいずれも日本全国から受験生を集める最難関、難関の大学ばかりである。その意味で、東京圏には地元の地方国立大学がないのである。この事情は京阪神をも含めた都市圏として考えても同様であろう。その意味で、日本の国民の多くにとって大学といえば私立大学が念頭にあると言っていいだろう。したがって、私立大学の教育レベルを少子化の中で学問的に健全なものに保つということに関して、文科省は今以上にエネルギーを注ぐべきではないだろうか。

以上で述べてきた意味での社会のモラルを回復するには、大学の評価を健全にするしかないであろう。そのための提言を以下で与えて、本稿を締めくくりたい。

（1）日本における「数学」と「国語」のSATレベルの試験を創設する。これを受験しない入学者の割合や受験して入学した者の成績分布を、国立、私立ともに助成金に反映させる。

　上でも述べたが、ヨーロッパでもアメリカでも大学入学にあたり数学と国語の試験を受験しないことは非常に例外的である。国立大学、私立大学ともに、財政資金の投入を受ける以上は、入学者集団が大学教育を受けるのにふさわしいかどうかを示す必要があるはずである。また、日本における大学入学者の基礎学力がどの程度のものであるか、検証することも可能になるはずである。

　この試験は、基本的に選抜試験とは異なり、平常の学習能力を測るための設計を行うべきであろう。そうすれば、高校2年生の終わりなどに実施して、推薦入試、AO入試などにも利用可能になるであろう。

（2）個々の学問分野の学部レベル及び大学院レベルでの教育に関して、国際的なレベルと日本のレベルを比較調査する。

　個々の学問分野の学部レベル、大学院レベルの教育が、国際的に見て遜色ないことを検証するのも大事なことであろう。日本の大学教育がガラパゴス化するという懸念が多方面から表明されているが、ヨーロッパ、アメリカの両方の学問レベルと比較することは、日本における各学問分野のレベルを向上させるのに必要ではないだろうか。

（3）大学の学科、専攻の必修科目の割合を90％以上にする。その上で、そのコースを卒業するにあたって可能になる能力を明らかにする。専攻の設定をより細かくする必要も生じる。

　ヨーロッパにおいて大学教育がどのように行われているか、日本ではあまり知られていない。正確なことは調べていないが、90％以上の単位は必修科目であると言っても過言ではないであろう。100％必修科目であるというコースも決して例外ではなく、この場合の選択科目というのは付加的、追加的に学ぶものである。

アメリカの大学教育は、多様さが強みのアメリカの在り方を反映して、一言で表現するのは非常に難しいかもしれない。しかし日本の現在の無秩序のような多様な教育を個々のアメリカの大学が行っているとは思えない。言い換えると、個々の大学のミッションが明らかになっていて、その中で秩序のある教育が行われていると言った方がいいだろう。ここで「秩序のある」という意味は、個々の科目、特に上級の科目に対する先行履修科目が明らかにされていて、学問の体系性及び個々の科目の履修者集団のばらつきをコントロールしているということである。また、多くの大学では、学部1、2年生には専攻を定めず、3年次に専攻を定めることを行っているが（concentration）、その際にも1、2年次の履修科目に制限がつくことには注意した方がいいであろう。すなわち、専攻を定める前の1、2年次に無秩序な教育を受けているわけでは決してないのである。

　必修科目を増やすことの意味であるが、卒業する専攻における成績の透明性が大きく向上する。また、専攻内での教育の教材・ノウハウの蓄積に大きく役立つであろうし、それぞれの専攻を卒業すると身につけられる能力を示し、それに関して評価するとしたら、このことは当然のことであろう。

　日本の大学教育と欧米の大学教育の大きな違いは、演習の有無であろう。アメリカの学部レベルでは、1学期においてせいぜい4科目とか5科目しか受講しないが、これは講義の形態から必然的であろう。TAによる演習のセッションがあって、膨大な量の演習、レポートをこなすことが要求される。ヨーロッパでも同様で、私が教員生活を送ったことのあるパリでは、大学3年生、4年生の4時間の講義に演習が6時間つくということも決して特別なことではなかった。日本で単位の実質化という文部科学省用語がはやったが、その意味を実質化するということは演習を実現可能にすることではないだろうか。もちろん、そのような体制を実現するには、必修科目を増やさざるを得ないであろう。

（4）成績に相対評価を導入して、個々のグレードの割合をコントロールする。

　同一の科目は共通のテストを行い、成績を透明化させる必要があるだろう。相対評価を導入するには、専攻履修科目や高校時の科目選択などで履修者がほぼ同程度の能力をもっているという前提が必要であろう。その上で、講義のレベルを設計するにあたっては、相対評価が成立するということを目標とすることが必要であろう。日本の多くの大学で用いている ABCD の評価はもっと細かいグレードに改める必要があるだろう。また、卒業にあたっても GPA を導入して、ある点数以上の者しか卒業できないようにすべきであろう。

（5）成績判定・教育内容に関する外部評価を導入する。また、大学間で学科、専攻のレベル、質に関して相互認証を進めて、大学間の学問レベルを同調させる。

　日本において FD（Faculty development, 教員研修）が学生による授業評価の代名詞になっているが、これでは教育評価があまりにも形式的になってしまうだろう。事後に無作為抽出した科目に関して、成績判定や教育内容についてのレポートを外部評価することが必要であろう。学生に2単位与えるのに 90 時間の学習を学生にさせないといけないことになっているが、これが実現できているか大学の外部評価で問題になったことは一度もない。このことの評価も行うべきであろう。

　基本的に絶対的な外部評価というのは困難で、国内、国外の大学間の相互認証によって、学問的なレベルが保たれていくべきであろう。

　以上でかなり厳しい提言を行なった。現在日本で行なわれている大学教育では、4年間を過ごして残るものが余りにも少ないように思えるからである。保護者の多額の投資に見合うものが単に「学歴」だけというのでは余りにも情けないし、今後の高度化した知の国際競争に日本の若人がたち遅れてしまうだろう。

著者紹介（執筆順）◎編者

◎戸瀬　信之	慶應義塾大学経済学部教授	はしがき、	9章
◎西村　和雄	京都大学経済研究所特任教授	はしがき、	4章
市川　昭午	国立経営・財務センター名誉教授		1章
木村　拓也	長崎大学アドミッションセンター准教授		2章
大森不二雄	首都大学東京教授		3章
清水　賢二	日本女子大学人間科学部教授		5章
柿谷　正期	立正大学心理学部教授		6章
倉元　直樹	東北大学高等教育開発推進センター准教授		7章
筒井　孝子	国立保健医療科学院福祉サービス部 福祉マネージメント室室長		8章

■シリーズ日本の教育を問いなおす3

教育における評価とモラル

2011年3月24日　初版　第1刷発行　　　　　〔検印省略〕

＊定価はカバーに表示してあります

編者 ⓒ 戸瀬信之・西村和雄／発行者　下田勝司　　　印刷・製本　中央精版印刷

東京都文京区向丘1-20-6　郵便振替 00110-6-37828
〒113-0023　TEL 03-3818-5521(代)　FAX 03-3818-5514
発行所　株式会社　東信堂
Published by TOSHINDO PUBLISHING CO.,LTD.
1-20-6,Mukougaoka, Bunkyo-ku, Tokyo, 113-0023, Japan
E-Mail tk203444@fsinet.or.jp　http:w.w.w.toshinda pub.com

ISBN978-4-7989-0042-1 C3037　ⓒNobuyuki Tose & Kazuo Nishimura

東信堂

教育文化人間論——知の遺産/論の越境	小西正雄著	二四〇〇円
グローバルな学びへ——協同と刷新の教育	田中智志編著	二〇〇〇円
教育の共生体へ——ボディエデュケーショナルの思想圏	田中智志編	二五〇〇円
人格形成概念の誕生——近代アメリカの教育概念史	田中智志著	三六〇〇円
社会性概念の構築——アメリカ進歩主義教育の概念史	田中智志著	三八〇〇円
教育の自治・分権と学校法制	結城忠著	四六〇〇円
教育制度の価値と構造	井上正志著	四二〇〇円
教育改革抗争の100年——20世紀アメリカ教育史	D・ラヴィッチ著 末藤・宮本・佐藤訳	六四〇〇円
国際社会への日本教育の新次元	関根秀和編	一二〇〇円
ヨーロッパ近代教育の葛藤——今、知らねばならないこと	太田美啓子編	三二〇〇円
ミッション・スクールと戦争——立教学院のディレンマ 地球社会の求める教育システムへ	老川慶喜・前田一男編	五八〇〇円
多元的宗教教育の成立過程——アメリカ教育と成瀬仁蔵の「帰一」の教育	大森秀子著	三六〇〇円
NPOの公共性と生涯学習のガバナンス	髙橋満著	二八〇〇円
協同と表現のワークショップ——学びのための環境のデザイン	茂木一司著	二四〇〇円
演劇教育の理論と実践の研究——自由ヴァルドルフ学校の演劇教育	広瀬綾子著	三八〇〇円
教育の平等と正義	編集代表 大桃敏行・中村雅子・後藤武俊訳	
オフィシャル・ノレッジ批判——保守復権の時代における民主主義教育	野崎・井口・M・W・アップル著 小草・池田監訳	三八〇〇円
〈シリーズ 日本の教育を問いなおす〉		
拡大する社会格差に挑む教育	西村和雄・大森不二雄・倉元直樹・木村拓也編	二四〇〇円
混迷する評価の時代——教育評価を根底から問う	西村和雄・大森不二雄・倉元直樹・木村拓也編	二四〇〇円
教育における評価とモラル	西村和雄之編	二四〇〇円
《現代日本の教育社会構造》（全4巻）		
地上の迷宮と心の楽園 [コメニウス・セレクション]	J・コメニウス 藤田輝夫訳	三六〇〇円
〈第1巻〉教育社会史——日本とイタリアと	小林甫	七八〇〇円

〒113-0023　東京都文京区向丘1-20-6
TEL 03-3818-5521　FAX 03-3818-5514　振替 00110-6-37828
Email tk203444@fsinet.or.jp　URL:http://www.toshindo-pub.com/

※定価：表示価格（本体）＋税